진짜 진짜 하고 싶은 일 찾는 법

이케가미 아키라

정미애 옮김

서해문집

'관심의 씨앗'을 잔뜩 뿌려서
하고 싶은 일을 찾아보자

요즘 한국에도 하고 싶은 일을 찾지 못하는 학생들이 꽤 많다고 들었습니다. 2024년 교육부와 한국직업능력연구원이 초중고 학생들을 대상으로 한 조사에 따르면, "희망 직업이 없다"라고 대답한 비율은 초등학생이 20.4%, 중학생이 40%, 고등학생이 29%였다고 하죠.

하고 싶은 일은 어떻게 찾을 수 있을까요? 부모님께 질문하면 "언젠가는 찾게 될 거야"라고 대답하실지도 모릅니다. 하지만 하고 싶은 일은 그냥 기다리기만 해서는 찾을 수 없습니다. 하루하루 쌓아 가는 경험과 배움으로 자신이 직접 찾아야 하죠. 사실 저도 초등학교 5학년 때까지 장래에 하고 싶은 일을 찾지 못한 학생이었어요. 선생님이 수업 시간에 한 명씩 장래 희망을 물어보신 적이 있었는데, 저는 "없습니다"라고 대답했다가 혼난 기억이 있습니다. 지금 생각해 보면 혼날 일은 아닌데 말이죠.

그러다가 초등학교 6학년 때, 지방에서 근무하는 신문 기자의 일을 다룬 책을 읽게

되었어요. 그때 '이런 일을 해 보고 싶다'라는 생각이 들었습니다. 결국 저는 신문사는 아니지만, 일본의 NHK 방송국 기자가 되었어요. 지방에서 일하고 싶다는 희망대로 시마네현과 히로시마현에서 근무할 수 있었고요. 그랬던 제가 지금은 신문에 칼럼을 연재하고 있습니다. 즉, 신문 기자의 꿈도 이룬 셈이죠.

여러분이 살아가는 지금은 기술과 사회, 가치관이 그 어느 시대보다 빠르게 변하고 있습니다. 지금은 당연하게 여겨지는 것들도, 여러분이 어른이 될 무렵에는 크게 달라질 수 있어요.

하지만 하고 싶은 일이 없는 상태에서 진학하고, 취업 후에도 딱히 하고 싶지 않은 일을 한다면 참 슬플 것입니다. 즐겁고 행복해야 할 여러분의 미래가 그렇게 되지 않도록 지금부터 '관심의 씨앗'을 많이 뿌려 보세요. 좋아하는 것, 재미있는 것, 그리고 그 너머에 있는 정말 하고 싶은 일을 찾아가는 거예요.

이 책에서는 내가 좋아하는 것과 재미있는 것을 찾는 방법부터 내 강점을 발견하는 법, 배운 것을 활용하는 법, 일의 기본 지식과 미래에 필요한 능력까지 알기 쉽게 정리했습니다. 혼자 읽으며 자신과 마주해도 좋고, 가족과 함께 읽으며 앞으로의 꿈을 이야기해도 좋아요. 제가 초등학생일 때 이런 책이 있었다면 얼마나 좋았을까 싶습니다.

이 책을 첫걸음으로, 여러분이 진짜 하고 싶은 일을 찾아 미래로 나아가기를 진심으로 기원합니다.

이케가미 아키라

자, 방학 동안 가족이나 친척들에게 '일'을 주제로 인터뷰해 두도록.
엔도 선생님
새 학기엔 그 인터뷰 내용을 바탕으로, 각자 하고 싶은 일이나 바라는 직업을 발표해 보자.
네!
리쿠토, 넌 꿈 같은 거 있어?
사와키 아오이(13) 중학교 1학년
YouTube
난 유튜버나 스트리머!
유명해져서 돈을 잔뜩 벌고 싶어.
아오야마 리쿠토(13)
쇼짱은 메이저 리거가 꿈이구나….
사쿠라는 패션 디자이너가 되고 싶대.
하고 싶은 일이라….
전혀 떠오르질 않아.
내 꿈은 뭘까?

달고락
아오이 오빠
아오이네
공부할 테니 야식 좀 부탁해요.
오빠, 입시 공부 열심히 하네.
잘 먹었습니다.
그래, 알았어.
대학 가서 건축가가 되고 싶대.
어릴 때부터 만들기 같은 거 좋아했잖니.
나중에 아빠랑 엄마 둘이서 살 집도 지어 준다는구나.
아오이 엄마
아오이 아빠
아빠는 전자 제품을 만드는 회사에서 일하시잖아요.
일은 무엇을 위해 하세요?
우선은 생활을 위해서지.
가족과 행복하게 살려면 돈이 필요하잖니?
돈 이 라 ....

하지만 그게 전부는 아니야.
일을 한다는 건 누군가에게 도움이 되는 것이기도 해.
아오이도 '좀 더 이랬으면 좋겠어'
'이런 게 있으면 좋겠어' 같은 생각 한 적 있지?
그런 요구에 답하는 것이 일이야.
누군가를 기쁘게 하면 나도 기분이 좋아지잖아.
그게 보람으로 이어지는 거고.
아빠가 하는 일도 사람들의 요구를 구체화하는 거야.
아오이도 그런 일을 하면 좋겠구나.
하지만 전
정말로 하고 싶은 일이 뭔지 모르겠어요….
이 세상에 어떤 직업들이 있는지 조사해 보고, 실제로 이야기를 들어 보면 돼.
그러다 보면 네가 하고 싶은 일이 점점 더 뚜렷해질 수도 있어.
네….

나는 좋아하는 일만 하고 싶어요!
짜
편하고 돈 잘 버는 일이 최고라고요.
안
짜잔잔잔…
리쿠토네
어떤 직업이든 힘든 일이 있어.
즐거운 일만 있는 게 아니야.
리쿠토 엄마
아빠가 하는 버스 운전도 그렇고, 유튜버도 마찬가지야.
리쿠토 아빠
예를 들어 야구를 잘하는 아이를 보면 '재능이 있어 부럽다'라고 생각하잖니?
하지만 그건 좋아하는 것을 파고들어 꾸준히 연습한 결과일 수도 있어.
사람들이 재미있어할 만한 아이디어를 짜고,
촬영하고, 영상을 열심히 편집해서 올려도 생각만큼 조회 수가 안 나올 때도 있어.
겉으로 보이는 화려한 면뿐 아니라
어떤 어려움이 있는지도 살펴보면 어떨까?
네….

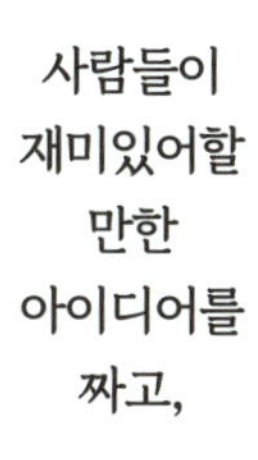

리쿠토!
뭐 하는
거야?
응?

어떤 일을
하는지
조사하고
있어!
POLICE
…

슬그머니

보기만 해서는
잘 모르니,
직접 이야기를
들어 보자.
실례
합니다!
앗, 잠깐!

지역 주민들의
안전과 안심할
수 있는 삶을
지키는 것이
우리의 일이야.
시나 군,
동네에서
일하는
지방 공무원
중 하나란다.
아~
회사에서
일하는 게
아니군요.
POLICE

힘든 점이나 보람이 있다면요?
음… 야근하는 날도 있고
무슨 일이 일어날지 모르니 늘 방심할 수 없어.
보람이라면, 지역 주민들에게 도움이 되었다는 걸 느낄 때야.
편한 일은 아니지만,
주민들의 웃는 얼굴을 보고 고맙다는 인사를 받으면 어떤 고생도 다 잊어.
멋진 일이네요.
하하…
다른 사람의 이야기도 들어 보자.
그래!
감사합니다

어릴 때부터 가게 일을 보고 배웠거든.
대대로 이어 온 이 맛을 계속 지키고 싶어.
꽃집 주인이 되고 싶었는데 꿈을 이룬 거야.
지금은 일의 폭을 넓히기 위해 자격증 공부도 하고 있어.
긴장을 풀면 큰 부상으로 이어지니 일은 꽤 힘들어.
하지만 내가 만든 집이 오래도록 남는다는 건 기쁜 일이지.
음악으로 먹고살 수 있을 때까지는
아르바이트로 생활비를 벌 생각이야.
일하는 이유나 힘든 점도 사람마다 다 다르구나.
더 다양한 직업을 알고 싶어졌어.
그래.
무엇을 행복이라고 생각하는지 저마다 다르듯이,
일에서 추구하는 것이나 하고 싶은 것도 모두 다른 법이니까.

엄마는 왜
일러스트레이터가 되기로
했어요?

하지만 꿈을
포기할 수
없었어.

몇 년 뒤 역시
내 꿈을 이루고 싶었고,
일러스트를
그리게 된 거야.

어릴 때부터
그림 그리는
걸 좋아했지만

직업으로 삼을
수는 없다고
생각해서
처음엔 회사에
취직했어.

와~

그럼 하고
싶었던 일이
직업이 된
거네요.

똑똑

찰칵

커피
한잔
어때?

고마워.

앞으로 좋아하고
관심 가는 일을
조금씩 찾아가면
되지 않을까?

어느 하나로
한정 짓지 말고
다양한 일을
경험하면

너의
가능성과
선택지도
넓어질 거야.

아오이는
책을
좋아
하잖니?

거기서부터
관심의 폭이
넓어질 수도
있어.

네, 이것저것
해 볼래요!

새 학기
일에는 즐겁고 재미있는 것뿐만 아니라
어렵고 힘든 점도 있다는 걸 알게 되었습니다.
그런 점도 포함해 보람 있는 일,
예를 들어 지역 주민을 지키는 경찰관처럼 다른 사람에게 도움을 주는 일도 좋겠다는 생각이 들었습니다.
짝 짝 짝
이번에 여러 사람의 이야기를 들으면서
세상에는 다양한 직업이 있고,
각자 목표를 가지고 일한다는 걸 알았습니다.
저는 독서를 좋아하지만, 솔직히 어떤 일을 하고 싶은지 아직은 잘 모르겠습니다.
하지만
앞으로 눈으로 보고 경험하는 것들 가운데
좋아하는 것과 관심 가는 것의 씨앗이 많을 거라고 생각해요.
그래서 뭐든지 도전해 보면서 하고 싶은 일의 폭을 넓혀 가고 싶습니다.
짝 짝 짝

다들 일과 바라는 직업에 조금은 친숙해진 것 같구나.

앞으로는 인간이 하던 일을 인공지능이나 로봇이 하게 될 거야.

다시 말해, 오늘날의 직업이 어떻게 될지 누구도 알 수 없어.

그러니 너희는 현재에 얽매이지 말고,

어떤 시대가 오더라도 빛날 수 있는 능력을 길렀으면 좋겠구나.

네!

자, 나의 미래를 위해

하고 싶은 일을 찾으러 가자!

꿈에 다가가기 위한 여섯 가지 행동

하고 싶은 일은 어느 날 갑자기 떠오르는 것이 아닙니다. 서두르지 말고 우선 작은 일부터 차근차근 시작해 보세요.

1 좋아하는 것을 파고들자

내가 좋아한다고 생각하는 이유를 파고들다 보면, 하고 싶은 일이 조금씩 보이기 시작해요.

1장 체크! p.33

2 나만의 강점을 찾아보자

나의 장점과 특기는 무엇일까요? 이런 강점을 알게 되면, 그 부분을 더 발전시킬 수 있어요.

2장 체크! p.65

3 목표를 세우자

하고 싶은 일이 떠오르면 행동을 시작해 보세요. 큰 목표는 세 단계 정도로 나눠서 하나씩 이뤄 가는 것이 좋아요.

3장 체크! p.97

4 책과 신문을 읽자

책이나 신문을 읽는 습관을 들이면,
다른 사람과의 소통에 도움이 되는
독해력을 기를 수
있어요.

4장 **체크!**
p.129

5 세상의 직업을 찾아보자

우리가 사용하는 물건이나 서비스는 누군가가
일을 해서 만든 거예요. 세상에는 어떤
직업이 있는지 알아보세요.

5장 **체크!**
p.153

6 미래를 자유롭게 상상해 보자

지금 여러분이 살아가는 세상은 그 누구도
경험해 보지 못한 속도로 빠르게 변하고
있어요. 내가 어른이 되었을 때 세상은 어떻게
바뀌어 있을지 한번 상상해 보세요.

6장 **체크!**
p.185

1 '좋아하는 것'과 '재미있는 것'을 찾아 나서자

몰입하는 경험이 나의 꿈을 열어 준다

2 나의 강점을 알 수 있는 방법

나를 알면 더 많은 가능성이 보인다

3 '진짜 하고 싶은 일' 찾는 법

하고 싶은 일은 임시로 정해도 괜찮다

4 '배움'이 나의 가능성을 넓혀 준다

내가 성장할 수 있는 배움을 이어 가자

5 '일'이란 무엇일까?

일은 대체 무엇을 위해 존재할까?

6 인공지능 시대를 헤쳐 나갈 힘을 기르자

변화하는 세상 속에서 내가 빛나기 위해

행복하게 살기 위한 '나만의 중심'을 만들자

지금 하고 싶은 일이 생각나지 않아도
조급해할 필요는 없습니다. 빠르게 바뀌는
미래 시대에는 흔들리지 않는 나만의 중심이
필요해요.

꿈이나 하고 싶은 일이 없으면 이상한 것일까?

어른들은 흔히 아이들에게 "앞으로 뭘 하고
싶니?" "하나라도 좋으니 하고 싶은 일을
찾아봐"라고 말합니다.
물론 꿈이나 하고 싶은 일이 정해져 있고,
그 목표를 이루기 위해 최선을 다하고
있다면 훌륭한 일이에요. 하지만 **"딱히 꿈
같은 건 없어" "아직 하고 싶은 일을 정하지
않았어"라고 말하는 아이들도 있어요.**
이게 이상한 걸까요? 잘못된 걸까요? 그렇지
않습니다. 꿈이나 하고 싶은 일은 누가 강요해서
생기는 것이 아니라, **마음속에서 자연스럽게**

생겨나는 것입니다.
지금 당장 하고 싶은
일을 정해서 "준비, 땅!"
하고 달려 나가야만 하는
건 아니에요.

여러분은 지금 어른이 되기 위한 길을 한 발 한 발 내딛고 있습니다.
꿈이나 하고 싶은 일은 **분명 그 길 어딘가에 숨어 있을 거예요.**
앞으로 여러분은 다양한 것을 접하며 경험을 쌓고 성장할 겁니다. 그 과정에서
즐거운 일, 괴로운 일, 재미있는 일, 그렇지 않은 일도 있겠죠. 이 모든 경험은
행복한 삶을 살아가기 위한 소중한 자산이 될 거예요.
꿈이나 하고 싶은 일이 정해지지 않았다고 해도 조바심 낼 필요는 없습니다.
일상에서 느끼는 감동이나 놀라움을 소중히 간직하며 나아가다 보면, 하고 싶은
일의 방향이 조금씩 정해질 테니까요.

성장하면 꿈을 가진 아이가 줄어드는 이유

여러분은 어릴 때 어떤 직업을 꿈꿨나요? 프로 축구 선수, 패션모델, 우주 비행사 등 저마다 마음껏 큰 꿈을 꿨을 거예요.

그때 꾸던 꿈은 지금도 변함없나요?

2024년 교육부와 한국직업능력연구원이 초중고 학생들을 대상으로 한 조사에 따르면, "희망하는 직업이 있나요?"라는 질문에 "있다"라고 대답한 비율은 초등학생이 79.6%, 중학생이 60%, 고등학생이 71%였습니다.

이 결과를 보면 **초등학생보다 중학생과 고등학생이 '희망하는 직업'이 있는 비율이 더 낮다**는 것을 알 수 있어요.

왜일까요?

그 이유 중 하나는, 중학교에 올라가면 경쟁과 비교를 하기 쉬운 환경에 놓이기 때문이에요. 초등학생 때는 공부나 운동을 어떻게 배우고 즐기느냐가

꿈은
'동경'에서
'현실'로

중요해요. 하지만 중학생이 되면 시험이나 성적표, 또는 사람들과의 관계 속에서 어쩔 수 없이 자신의 실력과 현재 상황을 마주해야만 합니다.

그 과정에서 "내 꿈은 좀 아닌가?" "역시 안 될 것 같아"라고 생각하기 시작합니다. 그리고 **자신의 미래를 단순한 동경이 아닌 '현실적인 것'으로 인식**하게 되죠.

만약 꿈이 이뤄지지 않더라도 너무 실망하지 마세요. **한 꿈의 끝은 또 다른 꿈의 시작**일 수도 있으니까요.

여러분의 꿈은 초등학생에서 중학생, 고등학생, 어쩌면 어른이 된 뒤에도 바뀔지 모릅니다. 주변 환경과 세상이 바뀌듯이 미래의 꿈 또한 자연스럽게 바뀌어도 괜찮아요.

멈춰 서 있으면
하고 싶은 일을 찾을 수 없다

내가 정말 하고 싶은 일을 발견하고, 그 일을 하면서 즐겁게 살아간다면 참

행복할 거예요.

하지만 그런 일은 쉽게 찾을 수 없습니다. 누군가가 대신 찾아 주거나 천재적인

생각으로 갑자기 발견할 수 있는 것도 아니죠.

부모님이나 선생님이 하라고 해서 억지로 하는 일은 재미없고, 다른 사람이 정해

준 길만 따라가다 보면 **어른이 되고 나서 '나는 이런 일을 하고 싶지 않았는데…'
하며 후회할 수도 있어요.**

내가 원하는 삶을 살려면, 누군가가 정해 준 대로 잠자코 따르는 것이 아니라 **매일
스스로 생각하고, 선택하고, 행동하면서 경험을 쌓아 가는 것**이 중요합니다.

내가 좋아하고 관심 있는 일이라면, 좀 어려워도 계속 도전하고 싶어져요. 그런
마음은 하고 싶은 일을 찾는 데 큰 힘이 되죠.

10대는 **앞으로 이어질 긴 인생에서 가장 많은 지식을 흡수할 수 있고, 가장
풍부한 감성을 키울 수 있는 시기**입니다. 가장 체력이 좋은 시기이기도 하죠.

이 소중한 시기를 어떻게
보내느냐에 따라 여러분의
미래는 크게 달라질 수 있어요.
그저 가만히만 있으면 하고
싶은 일을 찾을 수 없습니다. 아직
하고 싶은 일이 뭔지 잘 모르겠다면,
다양한 경험을 하면서 내가 무엇을
할 때 즐거운지, 어떤 일을 꾸준히 할 수
있을지 찾아보세요.

변화하는 시대,
나만의 중심을 만들자

'좋은 학교에 진학해서 유명한 회사에
들어가면 행복해질 수 있다.'
예전에는 이런 생각이 성공으로
가는 길이라고 믿었어요.
하지만 지금은 정보기술IT과
인공지능AI의 발전으로 우리의
삶, 일하는 방식, 가치관이 빠르게
바뀌고 있습니다. '이것만 해 두면
틀림없다'는 것이 존재하지 않는 시대로
변화하고 있죠.
이처럼 **빨리 변하는 시대**에는 내가 어떤 일을 하며 살고 싶은지,
어떻게 살고 싶은지를 자주 생각하고 바꿔 나가야 합니다. 즉,
변화에 적응하는 힘이 필요해요.
변화에 적응한다는 건 아무 생각 없이 이리저리 따라가기만
한다는 의미가 아닙니다. 오히려 **아무리 시대가 변하더라도**

흔들리지 않는 나만의 중심을 가지는 것이 중요해요.

'나는 무엇을 소중히 여기는가' '나는 어떤 삶을 살고 싶은가'라는 중심이 흔들리지 않는다면, 시대가 바뀌어 지금 하고 싶은 일이 사라진다 해도 괜찮습니다. 나를 자유자재로 변화시키며 활약할 수 있는 자리를 찾을 수 있거든요.

'하고 싶은 일'이라고 하면 흔히 '직업'을 떠올립니다. 물론 어른이 되면 직업이 인생의 큰 부분을 차지해요. 하지만 직업이 인생의 전부는 아닙니다. 하루하루의 일상과 삶의 보람 등 **인생 전체에서 '하고 싶은 일=행복'**을 찾아 나가면 돼요.

일하는 사람들에게 물어봤다 ①
어릴 때 꿈은 무엇이었나요?

모든 어른이 어린 시절의 꿈을 이룬 것은 아닙니다. 일하고 있는 어른들에게 어릴 때 꿈과 지금 하는 일을 어떻게 받아들이고 있는지 물어봤어요.

20대 여성 (음식점 경영)
초등학교 때부터 프로 배구 선수가 되는 게 꿈이었어요. 체육 대학에 진학했지만, 우동 가게를 운영하시던 아버지가 병으로 쓰러지셔서 졸업 후 가게를 이어 가기로 마음먹었죠. 지금은 할아버지, 어머니와 함께 가게를 운영하고 있어요. 매일 새벽 4시부터 우동을 만드는 일이 제 몫이랍니다. 아버지가 만드신 맛을 앞으로도 계속 이어 가고 싶어요.

20대 여성 (미용사)
중학교 때까지는 별생각이 없다가, 고등학교에 가서 미용사가 되고 싶다는 생각에 전문학교로 진학했어요. 지금 생각해 보면 어릴 때 동네 미용실에서 머리를 자르며 미용사라는 직업을 동경했던 것 같아요. 아직은 배우는 중이지만, 언젠가는 제 미용실을 갖는 게 꿈이랍니다.

30대 남성 (제조업체 근무)
어릴 때는 소년 야구단에서 4번 타자이자 1루수였어요. 아버지와 같이 프로 야구 경기를 자주 보러 다니면서 프로 야구 선수의 꿈을 키웠죠. 고등학교 때까지 야구를 했지만, 부상으로 꿈을 포기하게 되었어요. 지금은 자동차 회사에 다니면서 주말에 친구들과 동네 야구를 즐기고 있어요. 야구로 다져진 끈기는 지금 하는 일에도 도움이 된답니다.

40대 남성 (소방관)
유치원 때 TV 드라마 〈슈퍼 전대 시리즈〉를 좋아해서 영웅이 되고 싶다고 진지하게 생각했어요. 나중에는 경찰관이 될지 소방관이 될지 고민했지만, 결국 소방관의 길을 택했죠. 어릴 적부터 유달리 정의감이 강했던 것 같아요. 힘들지만 저에게는 잘 맞는 일이라고 생각해요.

40대 여성 (피아노 강사)
어릴 적 꿈은 프로 피아니스트였어요. 초등학교 때부터 피아노를 배우기 시작했고, 점점 피아노가 좋아졌어요. 고등학교를 졸업한 뒤 음악 대학에 진학해 피아노 연주뿐만 아니라 지도자 과정도 공부했죠. 졸업하고는 음악 관련 회사에 취직했지만, 결혼하면서 회사를 그만뒀어요. 지금은 집을 교실 삼아 동네 아이들에게 피아노 연주의 즐거움을 가르치고 있어요.

30대 남성 (로봇 개발 회사 근무)
어릴 때부터 뭔가를 직접 만드는 것을 좋아했어요. 초등학교 때는 공작부, 중학교 때는 로봇 제작부, 고등학교 때는 컴퓨터부에서 활동했죠. 대학에서는 로봇 설계를 전공했어요. 지금 다니는 회사에서는 사람과 소통하는 로봇을 설계하거나 개발하고 있죠. 앞으로도 계속 좋아하는 일을 하고 싶어요.

1

'좋아하는 것'과 '재미있는 것'을 찾아 나서자

몰입하는 경험이 나의 꿈을 열어 준다

좋아하는 것을 계속하면서 살아가는
인생만큼 풍요롭고 행복한 삶은 없어요.
먼저 내가 진심으로 좋아하는 것을
찾아보세요.

좋아하는 것은 이제부터 찾으면 된다

여러분은 정말 좋아한다고 자신 있게 말할 수 있는 것이
있나요? 이미 좋아하는 것이 있다면, 그것에 푹 빠져
보세요.
아직 딱히 좋아하는 것을 찾지 못했어도 고민하지
마세요. 앞으로 다양한 것을 접하고
경험하면서 놀라움과 감동을 느끼게
될 거예요. 그런 순간이 바로 여러분이
좋아하게 될 무언가를 찾는 출발점입니다.
물론 흥미를 느끼고 열중하는 대상이 학교에서
배우는 과목이나 취미 삼아 배우는 것과
관련이 없어도 괜찮아요.

나의 세계를
넓혀 가자

내가 좋아하는 것에 깊이 빠져 몰두하다 보면, 그것이 나의 미래를 결정짓는 계기가 될 수 있어요.

설령 그것이 하고 싶은 일로 이어지지 않더라도, 무언가에 **몰입하며 열정을 쏟은 경험은 어른이 된 후에도 반드시 큰 힘이 됩니다.**

여러분에게는 앞으로 다양한 것을 접하며 지적 호기심을 마음껏 자극하는 일이 중요해요. 활동 범위를 확장해 다양한 시각과 가치관을 접하면서 내 세계를 넓혀 가면 됩니다.

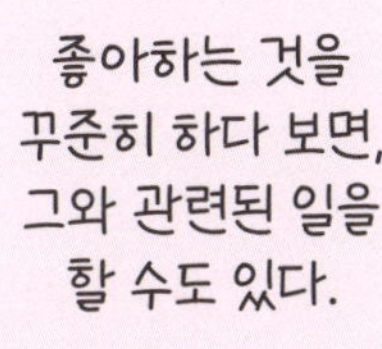

세상의 두근거림을 찾아 나서자

재미있고 신기한 것은 우리 주변에도 많아요. 내가 푹 빠질 수 있는 것을 찾으러 떠나 볼까요?

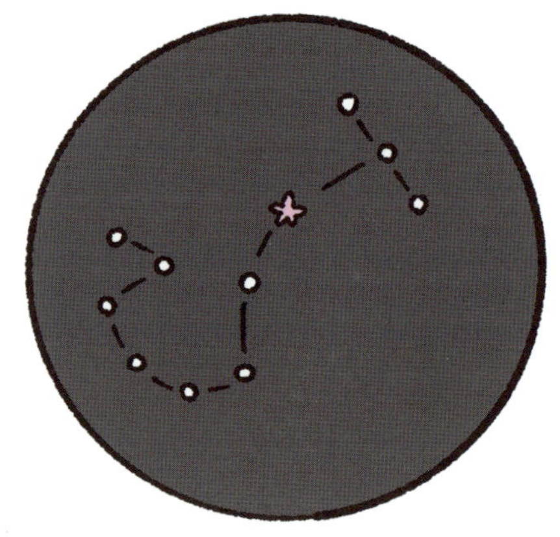

안테나를 세워 마음을 설레게 하자

하루하루를 아무 느낌 없이 지내다 보면, 자신도 주변도 별다른 변화가 느껴지지 않아 좋아하거나 재미있는 것을 발견하기 힘듭니다. 하지만 자세히 들여다보면, 세상은 다채로운 드라마로 가득 차 있어요. 여러분이 아직 그것을 깨닫지 못했을 뿐이죠.

좋아하거나 재미있는 것 찾기는 그리 어려운 일이 아닙니다. 먼저 **세상의 다양한 사물과 현상을 향해 안테나를 세워 마음을 설레게 해 보세요.**

좋아하는 것은 내 마음이 움직여야 찾을 수 있습니다. 가끔은 낯선 곳에 가서 신기한 것을 만나고, 가슴이 두근거리는 경험도 해 보세요.

'와!' 하고 감탄할 수 있는 순수한 마음

기원전 4세기경에 활동한 고대 그리스의 철학자 플라톤은 "놀라움이야말로 철학의 시작이다"라는 말을 남겼어요.

이 말처럼 좋아하거나 재미있는 것을 만나려면, **놀랍고 감동적인 것을 접했을 때 '와!' 하고 감탄할 수 있는 순수한 마음**이 필요해요.

그런 마음만 있다면 여러분은 언제든지 좋아하거나 재미있는 것을 만날 수 있습니다.

마음이 설렌다면, 그 감정을 무시하지 말고 그대로 받아들여 보세요.

몰입한 경험은 미래에 반드시 도움이 된다

시간 가는 줄 모르고 무언가에 열중한
적이 있나요? 좋아하는 것을 찾았다면,
일단 푹 빠져 보세요.

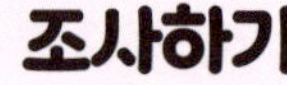

멈춰 서지 말고 행동하자

흥미를 끄는 것을 발견했다면, 바로 행동으로 옮겨 보세요.
**호기심을 가지고 '이거 해 보고 싶어!'라고 느낀 것을 깊이
알아 가는 과정이 '좋아하는 것'을 찾는 첫걸음**입니다.
가장 먼저 해야 할 일은 '조사하기'입니다. 부모님이나
선생님, 친구에게 물어보는 것도 좋지만, 처음에는
스스로 조사하는 습관을 길러야 해요. 지금은 인터넷에서
다양한 정보를 쉽게 찾을 수 있어요. 하지만 정보가 너무
많아서(p.198) 스스로 선택하지 못하면 정보의 바다에 빠져
버립니다. **그래서 처음에는 백과사전이나 사전, 관련된 책을
보면서 조사하는 것이 좋아요.**
물론 관심 있는 것을 실제로 접해 보는 경험도 중요합니다.

스크랩을 하면 나의 관심사가 보인다

내가 어떤 것에 관심이 있는지 의외로 자신도 잘 모르는 경우가 많아요. 이럴 때
추천하고 싶은 방법이 '신문 스크랩'입니다. 매일 가벼운 마음으로 신문을 펼쳐서
관심이 가거나 재미있어 보이는 기사를 오려 냅니다.
오려 낸 기사는 스크랩북에 붙이거나 파일에 정리하세요. 그런 후 몇 달에 한 번이라도
좋으니, 전체적으로 쭉 살펴보세요. 그러면 '반려동물 기사가 많네?' '돌봄이나 복지에
관심이 있었구나'처럼 미처 깨닫지 못했던 관심사의 공통점을 발견할 수 있습니다. 집에
신문이 없다면 인터넷 뉴스 기사를 출력해도 괜찮아요.

묻기

부모님, 선생님, 친구,
아는 사람 등에게
직접 이야기를 들어 본다.

좋아하는 것에 푹 빠져 보자

시간을 잊을 만큼 무언가에 몰입해 보는 경험은
틀림없이 여러분의 미래를 밝히는 무기가 됩니다.
처음에는 사소한 것밖에 하지 못해도 꾸준히 하면
할수록 큰 힘이 돼요. 그 과정에서 내가 무엇을
잘하고 못하는지 깨닫기도 하죠. 꼭 그 일이 직업으로
이어지지 않더라도, **몰입해 본 경험은 어른이 된
뒤에도 유용하게 쓰여요.**

좋아하는 것을 파고들어 보자

내가 좋아하는 것을 깊이 생각하다 보면,
앞으로 하고 싶은 일이나 나에게 맞는 직업의
실마리를 발견할 수 있어요.

좋아하는 것에서 미래를 찾는다

시간 가는 줄도 모르고 몰입할 만큼 좋아하는 일은 나의 미래를
발견할 수 있는 열쇠입니다.

그런데 어떤 사람은 야구를 좋아하지만, 프로 선수가 될
정도의 실력은 아닐 수도 있어요. 또 좋아하긴 해도
그 일을 직업으로 삼고 싶지 않을 수도 있죠.
그럴 때도 좋아하는 것에서 자신의
미래를 탐색할 단서는 찾을 수
있어요. '내가 왜 이것을
좋아할까?' 하고 스스로에게
질문해 보세요. 그리고
그 답을 더 깊이 탐구해
가면 됩니다.

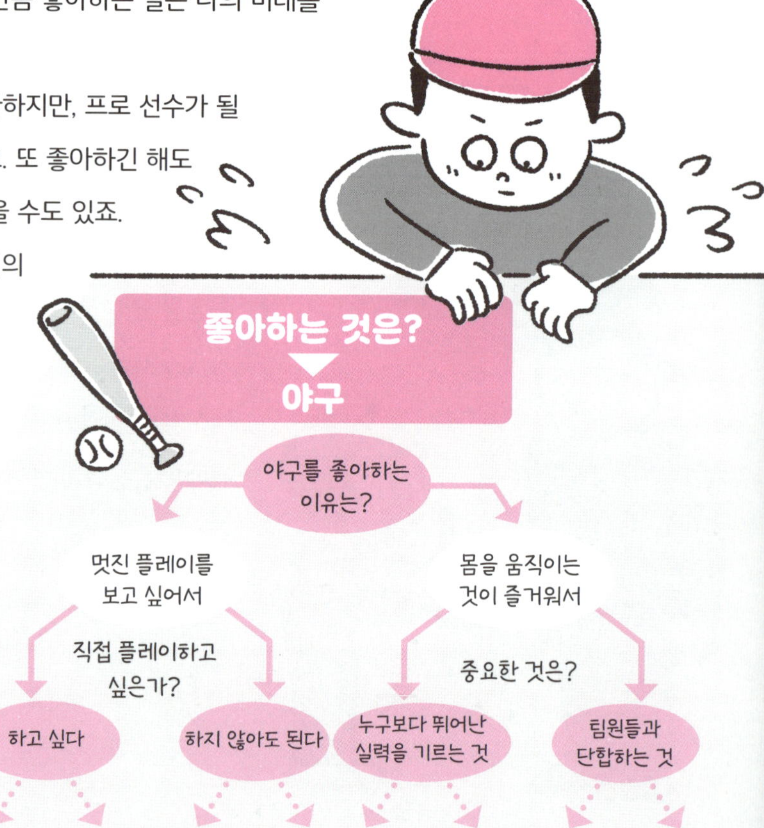

좋아하는 것이 여러 개라면 공통점을 찾아본다

예를 들어 야구를 좋아하는 이유가 몸을 움직이는 것이 즐거워서라면, '나에게 중요한 것은 무엇일까?' 하고 스스로에게 질문을 던져 보세요.

만일 팀원들과 힘을 합쳐 시합에서 이기는 것이라면, 다른 사람들과 함께 상품이나 서비스를 만드는 일이 적성에 맞을 수도 있습니다. 또 게임을 좋아하는 이유가 그 세계에 빠져들 수 있어서이고, 몰입할 수 있는 줄거리가 중요하다면 소설가나 시나리오 작가가 어울릴 수 있어요.

좋아하는 것이 여러 개라면, 하나하나 깊이 파고들어 보세요. 그 안에 **공통된 부분이 있다면, 그게 바로 나에게 중요한 것**입니다.

좋아하는 것 주변에는 다양한 길이 있다

내가 원하는 '바로 그 직업'이 아니더라도 비슷한 일은 얼마든지 할 수 있어요.

책에는 다양한 사람이 얽혀 있다

좋아하는 것 하나에도 여러 사람이 얽혀 있어요.

만약 책 읽기를 좋아한다면, 소설을 쓰는 작가나 책을 파는 서점 직원을 떠올릴 수 있습니다. 하지만 책과 관련된 일은 이 밖에도 많아요. 책을 기획하고 내용을 다듬는 '편집자', 책 디자인을 구상하는 '북 디자이너', 그림으로 책을 꾸미는 '일러스트레이터'도 있죠.

이처럼 좋아하는 것 주변에는 다양한 직업이 있어요. 내가 좋아하는 것에는 어떤 사람들이 함께 하고 있는지 꼭 알아보세요.

일러스트레이터

서점 직원

내가 좋아하는 책을
다른 사람들에게
소개하고 싶어

책에서
확장되는 직업

내가 원하는 길과 가까운 길을 갈 수도 있다

이를테면 축구를 아주 좋아하는 사람이 프로 축구 선수라는 꿈을 이루지 못한다 해도 괜찮아요. 축구 전문 기자가 되거나, 축구용품을 만드는 회사나 판매하는 가게에서 일하는 등 축구와 관련된 다른 길도 많으니까요.

내가 좋아하는 것, 되고 싶은 직업이 있다면 그 마음을 소중히 간직하세요. 계속 관심을 가지고 파고들다 보면, **원하는 직업에 종사하지 못하더라도 비슷한 일을 하게 될 가능성이 커집니다.**

북 디자이너

책 디자인을
구상하고 싶어

소설가

이야기를 쓰고
싶어

새로운 기획을
해 보고 싶어

편집자

좋아하는 것이나 관심사가 바뀌어도 괜찮다

오직 한 가지 꿈만 꿔도 좋고,
새로운 길을 찾아도 좋아요.

좋아하는 것을 끝까지 지키는 사람은 아주 적다

장래 희망을 초등학생 때 결정하고 중학생, 고등학생, 어른이 될 때까지 그 꿈을 한결같이 밀고 나가는 사람이 있어요. 오로지 한 가지 꿈을 따르며 실현하는 것은 참 대단한 일입니다.

하지만 현실적으로 **어릴 때 좋아했던 것을 계속 밀고 나갈 수 있는 사람은 아주 드물어요.** 많은 사람이 길을 돌아가거나 좋아하는 것을 새로 발견해 다시 시작하기도 해요.

예를 들어 한때는 운동선수, 한때는 판사가 되고 싶었지만, 어른이 되어서는 전혀 다른 일을 하고 있는 경우가 꽤 많죠. **꿈이나 목표가 바뀌는 것은 자연스러운 일**이에요.

게임만 하고 있지는 않나요?

여러분은 언제 가장 즐겁나요? 일본 학연교육종합연구소의 조사에 따르면, 일본 초등학교 남학생이 가장 즐겁다고 생각하는 순간 1위는 '비디오 게임, 휴대용 게임'을 할 때였고, 여학생은 '바깥 놀이'를 할 때였어요. 요즘 게임에 과하게 빠진 아이들이 늘고 있습니다. 게임을 너무 많이 하면 두뇌 성장에 부정적인 영향을 미친다고 해요. 가족과 이야기해서 '하루에 두 시간만' '밤 9시까지'와 같은 규칙을 정해 두면 좋습니다.

무엇을 할 때 가장 즐거운가요?

	일본 초등학교 남학생	일본 초등학교 여학생
1위	비디오 게임, 휴대용 게임	바깥 놀이
2위	바깥 놀이	친구와 수다 떨기
3위	운동	비디오 게임, 휴대용 게임
4위	스마트폰 게임	TV
5위	인터넷, TV	인터넷

출처: 일본 학연교육종합연구소, 〈초등학생 백서 웹판〉(2022년 9월 조사)

좋아하는 일에 열정을 쏟자

혹시 '빨리 꿈을 정해야 할 텐데…'라고 고민하는 중인가요? 조급해하지 않아도 괜찮아요. **하고 싶은 일이나 꿈은 그리 쉽게 찾을 수 있는 것이 아니기 때문이죠.**

중요한 것은 '열정을 가지고 할 수 있는 일이 있는가'입니다. 공부든 운동이든 취미든, 사소해도 괜찮으니 먼저 좋아하는 것을 찾아 푹 빠져 보세요. 그러면 언젠가 진짜로 좋아하는 것을 발견할 테니까요.

하고 싶은 일을 찾는 '꿈 주사위 놀이'

주사위를 굴려서 멈춘 칸에 있는 질문에 답해 보세요.
하고 싶은 일이나 직업을 떠올릴 수 있을 거예요.

나의 장점을
하나 말해 보세요

➡ p.68도 체크!

나의 단점을
하나 말해
보세요

➡ p.68도 체크!

더 잘하고
싶은 것은
무엇인가요?

➡ p.74도 체크!

어떤 사람이
돈을 많이
벌까요?

➡ p.175도 체크!

월급에서 세금을
떼는 이유는
무엇일까요?

➡ p.166도 체크!

최근에 내가
잘했다고 생각하는
일은 무엇인가요?

➡ p.94도 체크!

어제 혹은
오늘 마주친
직업을 세 가지
말해 보세요

➡ p.158도 체크!

'더 ○○하면 좋을
텐데…'라고 생각하는
것은 무엇인가요?

➡ p.100도 체크!

골인!

축하합니다!
앞으로도 한 걸음
한 걸음 꿈을 향해
나아가 보세요.

최근 관심을 끈
뉴스는
무엇인가요?

➡ p.102도 체크!

지금까지 읽은 책
중에서 재미있었던
것은 무엇인가요?

➡ p.148도 체크!

하고 싶은 것을
이루고픈 이유는
무엇인가요?

➡ p.156도 체크!

최근 스스로 결정한
일은 무엇인가요?

➡ p.104도 체크!

동경하는 사람은
누구인가요?

➡ p.116도 체크!

1년 안에
이루고 싶은
소원은
무엇인가요?

➡ p.108도 체크!

즐겁지 않은 일에서 즐거움을 찾아내는 힘

원하는 길을 갈 수 있다고 해도 즐거운 일만 하는 것은 아닙니다.
그래서 즐거움을 찾아내는 힘을 기르는 것이 중요해요.

눈앞에 닥친 일을 피하지 말자

우리는 좋아하거나 재미있는 일을 할 때 시간 가는 줄 모르고 빠져들어요. 지루하지도 않고 오래 할 수 있죠. 반면 싫어하거나 재미없는 일을 할 때는 집중이 잘 안 되고, 오래 하기도 힘들어요. 그렇다면 지금 내가 좋아하는 일, 재미있는 일만 하면 될까요? 이는 잘못된 생각입니다. '하기 싫으니까' '재미없으니까'라면서 **눈앞에 닥친 일을 계속 피한다면, 나의 가능성을 갉아먹는 결과로 이어질 수 있기 때문**이에요.

싫어하는 것에서 좋아하는 것 발견하기

의외라고 생각할 수 있지만, 나에게 맞지 않는 것 같고 왠지 싫은 느낌이 오히려
내가 좋아하거나 하고 싶은 것을 찾는 단서가 될 수 있어요. 왜냐하면 '싫다'의 반대는
'좋다'이기 때문이죠. 예를 들어 남에게 지시받는 것이 싫다면 '회사보다는 혼자서 하는
일이 적성에 맞을지도 몰라' 하고 생각할 수 있어요. 또 단순 반복하는 일이 괴롭다면
'창의적인 일을 해 보고 싶어'라는 생각이 떠오를 수 있죠. 이렇게 싫어하는 것 속에는
좋아하는 것이 숨어 있을 수도 있어요. 무엇을 좋아하고 싫어하는지를 스스로에게
물으며, 내가 진짜 원하는 일을 찾아보는 것도 좋습니다.

보물찾기하는 기분으로

중요한 것은 **즐겁지 않은 일에서도 즐거움을 찾아내는 힘**입니다.

추천하는 방법은 무슨 일이든 보물찾기하는 기분으로 해 보는 거예요. 예를 들어 학교 수업이 재미없다면, 선생님의 이야기를 들으면서 궁금한 점을 적어 봐도 좋습니다. 인내심만으로는 호기심이 오래가지 않아요. **보물찾기하듯 접근하면 따분할 일이 없죠.**

억지로라도 재미있다고 생각해도 도움이 됩니다. 무언가를 할 때 재미있다고 생각하면, 의외로 그 일이 좋아질 수도 있거든요.

주변 사람들에게 동조할 필요는 없다

'다른 사람들이 하자는 대로 안 하면 따돌림을 당할지도 몰라….' 이런 이유로 모든 일을 결정한다면, 정말 내가 만족할 수 있을까요?

분위기 파악은 필요 없다

'남들이 하니까 나도 해야 해. 다들 그렇게 말하니까 나도 맞춰야지.' 이렇게 생각한 적이 있지 않나요?

주변 사람들과 똑같이 행동하기를 강요하는 보이지 않는 압력을 '동조 압력'이라고 합니다. 요즘에는 분위기 파악(주변 분위기에 따라 내가 할 일과 하지 않을 일을 판단함) 잘하는 것을 좋게 보는 경우도 있어요. 물론 사람들과 사이좋게 지내는 것은 좋은 일이죠. 하지만 **분위기 파악을 하면서까지 굳이 내가 좋아하거나 관심 있는 것을 주변에 맞출 필요는 없습니다.** 남들이 하니까 나도 한다는 단계에서 생각이 멈춰 버리면, **앞으로도 남의 의견에 휩쓸리며 살게 될지도 몰라요.**

A 늘 남들이 하자는 대로만 한다

'사람들이 하자는 대로 안 하면 날 싫어할 거야'라는 이유로 마지못해 주변 사람들에게 맞춰 준다. 동조 압력에 밀려 내가 정말 하고 싶은 일에 집중할 수 없다.

남들이 뭐라 하든 내가 좋아하는 것을 해 보자

"그런 게 무슨 의미가 있어?"

"그 직업으로는 먹고살 수 없어"라는 말로 내가 하려는 일을 부정하는 사람도 있을 거예요.

하지만 이 세상에는 직접 해 보지 않으면 알 수 없는 일이 정말 많습니다. 남들이 어떻게 생각하느냐보다는 **내가 무엇을 할 때 즐거운지, 무엇을 이루고 싶은지**에 초점을 맞추세요.

B 다른 사람을 신경 쓰지 않는다

주위의 시선보다 내가 어떻게 생각하는지, 내가 무엇을 하고 싶은지를 우선한다. 그래서 취미나 좋아하는 것을 추구할 수 있다.

나 자신과 마주하는 시간을 가지자

친구들과 신나게 놀고 집에 와서도 소셜 네트워크 서비스SNS로 계속 연락을 주고받는 생활…. 요즘은 늘 누군가와 연결되는 것이 당연한 시대입니다. 하지만 그래서 더더욱 혼자만의 시간이 필요해요. 그 시간 동안 나를 객관적으로 분석하면 내가 어떤 사람인지, 무엇을 좋아하는지, 무엇을 하고 싶은지, 어떻게 되고 싶은지 등이 뚜렷해지죠. 하루하루 쫓기듯 살다 보면, 자신과 차분히 마주할 수 없습니다. 주변 분위기에 휩쓸려 나의 감정과 바람을 자신도 모르게 덮어 버릴 수도 있어요. 그러니 꼭 자신과 마주하는 시간을 가져 보세요.

작은 변화를 시도해 보자

익숙한 곳에만 머무르면 새로운 것을 만날 수 없습니다.
평소와는 다른 것을 시도해 보세요.

평소의 행동반경에서
한 발짝 밖으로 나가 보자

항상 같은 친구들과 어울리고, 늘 먹던 음식만 먹고, 매일 다니던 길로 학교에 가고….

우리는 이런 반복된 일상에서 안도감을 느낍니다. 하지만 매일 같은 행동만 반복하면 새로운 것을 만나기 어려워요. 반대로 말하면 **평소의 행동반경에서 한 발짝만 벗어나도 새로운 것에 도전할 기회가 생긴다**는 뜻입니다.

물론 익숙한 환경이나 습관을 갑자기 바꾸는 것은 쉽지 않아요. 그래서 **일상에 작은 변화를 주는 것**을 추천합니다.

색다른 일을 하면 좋아하는 것을 발견할 수 있다

예를 들어 평소와는 다른 길로 다녀 보면, 지금까지 보지 못했던 가게나 풍경을 발견할 수 있어요. 또 지금까지 대화해 본 적 없는 사람과 이야기를 나누다 보면, 새로운 가치관을 만날 수 있죠.

이처럼 평소와는 조금 다른 일을 일부러 해 보면, **내가 좋아하는 것이 무엇인지 알려 주는 실마리를 찾을 수도 있어요.**

이미 좋아하는 것을 열심히 하고 있더라도, 그와 더불어 새로운 일에도 도전하면 나의 가능성은 더욱 넓어집니다.

사람과 만나면서 내 세계가 넓어진다

나와 다른 생각을 가진 사람을 만나면서 교류하면,
나의 삶과 가치관이 크게 바뀔 수 있어요.

어른들과 함께 다양한 체험을 해 보자

우리는 알게 모르게 다른 사람의 영향을 받으며 살아갑니다. 인간관계가 넓어지면 의사소통 능력과 사교성이 좋아져요. 또 **시야를 넓히고 풍부한 세계관을 쌓는 계기가 되죠.**
학교 다닐 때는 하루 대부분을 학교와 집에서 보내요. 학원에 다녀도 만나는 사람은 또래 친구나 선생님 정도입니다. 제한된 인간관계 속에서 살아가는 셈이죠.
따라서 **부모님 이외의 어른들을 만나 보는 것**이 중요해요. 지역 축제나 자원봉사 활동 등 어른들을 만날 수 있는 장소는 많습니다. 나와 생각이 다른 사람, 혹은 '멋지다' '이런 어른이 되고 싶다'라고 느낄 수 있는 사람을 만나 보세요.

인간관계에서는 경험을 쌓아 익숙해지는 것이 필요하다

처음에는 나보다 훨씬 나이 많은 사람과 이야기하는 것이 어색하거나 무서울 수도 있어요. **경험이 부족하기 때문**입니다. 어릴 때부터 경험을 쌓아 익숙해지면, 다른 사람을 만나는 것에 거부감이 사라져 낯선 사람 앞에서도 겁을 먹지 않게 되죠. 다만, 세상에는 나쁜 어른도 있으니 조심해야 합니다. 미성년자일 때는 부모님 등과 상의하면서 믿을 수 있는 어른을 구별하는 연습을 해 보세요.

'즐거운 것'과 '편한 것'은 다르다

즐거운 것과 편한 것은 비슷해 보이지만, 사실은 다릅니다.
내가 좋아하는 것을 깊이 파고들다 보면 힘든 상황도
만나게 돼요.

좋아하는 것 안에는 싫어하는 것도 섞여 있다

'내가 좋아하는 것을 직업으로 삼으면, 항상 즐겁고
편하기만 할 거야.' 이렇게 생각하는 사람도 있을 거예요.
하지만 실제로는 그렇지 않습니다. **좋아하는 것 안에는
싫어하는 것이 섞여 있고, 즐거운 것 안에도
괴로운 것이 섞여 있죠.** '좋아하는 일만 하고
싶다'라고 생각하는 사람은 이 사실을 잊어버리기
쉬워요.

좋아하는 것을 추구하다 보면, 반드시 힘들고
고통스러운 일과 마주치게 됩니다. 스포츠든 예술이든
꾸준한 연습 없이는 실력이 늘지 않아요. '드디어
해냈다!'라고 생각해도, 더 잘하고 싶다면 고통과 어려움이
따르는 연습을 계속해야 하죠.
**싫어하는 것과 괴로운 것이 있기에 좋아하는 것과 즐거운
것을 실감하는 법입니다.** 이런 경험이 있어야 좋아하는
것을 더욱 열정적으로 파고들 수 있어요.

힘들지만 즐거운 것에 열정을 쏟자

일도 마찬가지입니다. **겉으로는 화려하거나 쉬워 보이는 일에도 사실은 힘든 점이 숨어 있어요.**
배우나 코미디언, 가수도 고된 무명 시절 없이는 크게 성공할 수 없습니다. 위대한 과학자들 또한 수많은 연구와 실험을 거듭하면서 역사에 남을 발견을 한 것이죠.
'힘들지만 즐겁다'라고 느낄 만큼 좋아하는 것을 찾아보세요.

일하는 사람들은 언제 보람을 느낄까?

기업 정보를 나누는 사이트 '잡플래닛'과 그 웹진 '컴퍼니타임스'가 2024년에 조사한 결과, 86.9%가 "나의 행복에서 직장 생활이 차지하는 비중이 크다"라고 이야기했습니다. 직장 생활 중 가장 행복하다고 느낄 때 1위는 '커리어·업무적으로 성장하고 있을 때(41.8%)', 2위는 '일 자체가 재미있을 때(40.7%)', 3위는 '성과를 인정받을 때(39.6%)'였어요.
어떤 일이든 즐겁고 기쁜 순간만 있을 수는 없습니다. 그런데도 사람들은 그 속에서 보람을 느끼기 때문에 열심히 일할 수 있는 것이죠. '힘들지만 즐겁다' '고되지만 기쁘다' 같은 마음이 바로 일이 지닌 진짜 재미예요.

놀이로 얻을 수 있는 힘

평소에 공부만 하고 있지는 않나요? 마음껏 노는 것도 성장에 꼭 필요합니다.

자발적인 놀이가 다양한 힘을 길러 준다

아이들은 자유롭게 놀면서 많은 것을 배우고, 이를 살아가는 힘으로 바꿔 나가요. 이를테면 **다른 사람과의 거리감**입니다. 친한 사람, 친하지 않은 사람, 나이 차이가 나는 사람 등 여러 사람과 어울리며 다양한 거리감을 경험해요. 그러면서 다양한 관점에서 다른 사람을 대하는 자세가 자연스레 몸에 배죠. 아이들에게 놀이는 자발적인 행동입니다. 실컷 놀다 보면 **집중력과 상상력도 자라고, 조금 힘들어도 쉽게 포기하지 않는 힘과 긍정적으로 살아가는 힘도** 생겨요.

몰입했던 경험은 어른이 되어서도 도움이 된다

직접적인 관련이 없더라도, 어른이 되고 나서 어린 시절을 되돌아보면 '**이 일은 놀이의 연장선상에 있구나**'라고 느낄 때가 있습니다.

예를 들어 어릴 때 인형 옷을 갈아입히며 상황을 상상하던 아이가, 어른이 되어 여행사에서 일하면서 고객이 원하는 여행 일정을 짠다고 해 볼까요? 이는 무언가를 조합하고 상상하던 **어린 시절의 경험이 어른이 된 뒤에 활용**된 사례라고 할 수 있죠.

좋아하거나 관심 있는 것, 재미있는 것은 더 열심히 집중하게 돼요. 공부를 열심히 하는 것도 중요하지만, **마음껏 노는 시간도 그만큼 소중합니다.**

좋아하거나 하고 싶은 것이 많아도 괜찮다

좋아하거나 하고 싶은 것이 여러 가지여도 전혀 문제없어요. 이는 호기심의 안테나가 제대로 작동하고 있고, 관심의 폭도 넓다는 뜻입니다. 좋아하거나 하고 싶은 것이 반드시 직업으로 이어지지는 않아요. 따라서 굳이 지금 하나로 정할 필요는 없습니다. 모든 것을 한 번에 다 하기는 어려우니, 그럴 때는 좋아하거나 하고 싶은 것을 쭉 적어 보세요. 그런 다음 그중에서 우선순위가 높은 것부터 하나씩 해 보세요. 그러면 앞으로 직업으로 삼고 싶은지, 혹은 취미로 만족하는지 정리될 거예요.

좋아하는 일만 직업이 되는 것은 아니다

지금 좋아하는 것이 꼭 미래의 직업이 되지는 않습니다. 다양하게 도전하면서 폭을 넓혀 보세요.

지금 좋아하는 것이 직업이 될까

좋아한다고 말할 수 있는 것이 있고, 그것을 언젠가 직업으로 삼을 수 있다면 정말 행복할 거예요. 하지만 **'좋아하는 것이 반드시 직업이 되지는 않는다'**라는 점은 꼭 기억해 두세요.

구인·구직 사이트 '잡코리아'가 2021년 직장인 2449명을 대상으로 한 조사에 따르면, "좋아하는 일을 하고 있다"라고 답한 사람은 16%, "잘하고 좋아하는 일을 하고 있다"라고 답한 사람은 17.9%였습니다. 즉, **다섯 명 가운데 네 명 정도는 좋아하는 일을 직업으로 삼지 않았다**는 뜻이에요. 게다가 좋아하는 것은 살면서 자꾸 바뀌기도 합니다_(p.44). 실제로 일을 해 보니 그 일이 점점 좋아지는 경우도 있어요. 또

어떤 사람은 잘하는 것을 직업으로 삼고, 좋아하는 것은 취미로 즐기며 사는 사람도 있죠. 반대로 좋아해서 직업으로 삼았지만, 하다 보니 싫어졌다는 사람도 있어요. 지금 좋아하는 것을 직업으로 삼아야 한다고 정해 두지 말고, 다양하게 도전해 보세요. 그러면 폭이 넓어져 할 수 있는 것과 하고 싶은 것이 조금씩 늘어날 거예요.

좋아하는 일만 하며 살 수는 없다

요즘 "좋아하는 일을 하며 살아간다"라는 말을 자주 듣습니다.

이 말은 이상적으로 들리지만, 너무 그대로 믿지는 마세요. 현실에서는 **좋아하는 일을 하며 살아갈 수는 있어도, 좋아하거나 하고 싶은 일만 하며 살 수는 없거든요.**

선택지는 여러 가지여도 괜찮다

어린 시절의 꿈을 이뤘다

A씨

어릴 때부터 철도를 무척 좋아했다.
그래서 기관사가 되겠다는
꿈을 꿨고, 결국 그 꿈을 이뤘다.

새로운 관심을 직업으로 삼았다

B씨

원래 꿈은 꽃집 주인이 되는 것이었다.
그런데 봉사 활동을 하면서
돌봄 업무에 관심이 생겼고,
지금은 노인 복지 시설에서
요양 보호사로 일하고 있다.

일하면서 그 일이 좋아졌다

C씨

프로 야구 선수가 되는 것이 꿈이었다.
하지만 그 꿈을 이루지 못하고 기계
제조 회사에 취직했다. 영업직으로
일하면서 점점 보람을 느꼈고,
지금 하는 일이 좋아졌다.

지금 이 순간을 소중히 여기자

하루하루를 그저 얼렁뚱땅 보내지 말고, 귀중한 시간을 좋아하거나 하고 싶은 일에 써 보세요.

자유 시간을 효율적으로 활용하자

여러분은 하루하루를 알차게 보내고 있나요? 어릴 때는 시간이 충분한 것처럼 느껴지지만, "시간은 금이다"라는 말이 있듯이 **시간은 금만큼, 아니 오히려 금보다도 소중**합니다.

시간은 누구에게나 똑같이 주어져요. 그런데 시간 관리를 잘하는 사람과 못하는 사람이 있습니다. 시간 관리를 잘하는 사람은 자신이 어떤 일을 하는 데 시간이 얼마나 걸리는지 파악해 하루 일정을 짜요. 하지만 시간 관리를 잘 못하는 사람은 계획 없이 시간을 보내죠. 여러분이 학교에 가는 시간이나 잠자는 시간, 밥 먹는 시간처럼 꼭 필요한 시간을 제외한 자유 시간을 어떻게 사용할지 고민해 봤으면 합니다.

한정된 시간을 헛되이 낭비하지 말고, **내가 재미있어하는 것이나 좋아하는 것을 마음껏 할 수 있도록 시간을 효율적으로 써 보세요.**

자유 시간을 효율적으로 활용하기

A 규칙적으로 생활하기

자유 시간을 효율적으로 활용하며 하루하루를 알차게 보내고 있다.

시간 관리 능력은 일할 때도 필요하다

어른이 되면, 이런 시간 배분을 스스로 고민해야 합니다. 회사원이라면 업무 분담이나 회의, 미팅 등 여러 가지 일을 정해진 시간 안에 끝내는 능력이 있어야 하죠.

따라서 어릴 때부터 시간 관리 연습을 해 두는 것이 중요해요.

B 불규칙적으로 생활하기

늘 잠이 부족한 편이다.
자유 시간에는 만화를 보거나 SNS, 게임 등을 하며 빈둥댄다.

알아 두기!

멍하니 있는 시간도 필요해요

시간을 허투루 쓸 수 없다며 학원이나 취미 활동 등으로 정신없이 지내는 것은 오히려 문제가 될 수 있어요. 그냥 일과를 끝내기만 해서는 의미가 없고, 몸이 너무 지치면 원래 가진 실력을 제대로 발휘하지 못합니다.

최신 뇌 과학 연구에 따르면, 여유 없이 바쁘게 지내는 것보다 멍하니 있는 시간이 오히려 뇌 활동을 활발하게 해 준다고 해요. 밖에서 오는 자극을 줄이면 뇌에 들어온 정보가 정리되고, 새로운 아이디어도 더 잘 떠오른다고 합니다.

그러니까 '멍 때리기'는 절대 나쁜 것이 아니에요. 가끔은 느긋하게 쉬면서 여유를 가져 보세요.

능력을 발휘할 수 있는 생활 습관 만들기

열심히 하려는 마음이 있어도, 몸이 지치면 앞으로 나아가기 어려워요.
실력을 발휘하기 위해서는 생활 습관을 바로잡는 것이 중요합니다.

힘을 낼 수 있게 도와주는 세 가지 생활 습관

좋아하거나 하고 싶은 일을 열심히 하려 해도, 몸과 마음이 건강하지 않으면 실력을 100% 발휘할 수 없습니다. 건강하게 자라면서 실력을 키우려면 다음 세 가지 생활 습관을 잘 지켜야 해요.

먼저 균형 잡힌 식사입니다. 아침, 점심, 저녁을 정해진 시간에 먹는 것은 기본이에요. 학교 가기 직전까지 자고 싶어서 아침 식사를 거르면, 뇌의 에너지가 부족해져 집중력과 기억력이 떨어질 수 있습니다.

다음은 충분한 수면입니다. 잠은 몸과 마음의 피로를 푸는 것뿐 아니라, 뇌가 정보를 기억하고 정리하는 데에도 꼭 필요해요. 잠을 충분히 자지 않는 아이는 뇌의 해마(기억과 학습을 담당하는 부분) 발달이 늦어질 수 있고, 전두엽(의욕, 감정, 판단 등을 조절하는 부분) 활동도 떨어진다는 연구 결과가 있습니다.

마지막은 규칙적인 운동입니다. 운동은 지구력, 유연성, 근력을 키워 줄 뿐만 아니라 뇌 발달에도 좋아요. 사람은 공부할 때만 뇌를 사용하는 것이 아닙니다. 몸을 움직이거나 생각할 때, 즐거워하거나 울 때도 뇌의 지시를 받죠. 그래서 적당한 운동으로 뇌를 단련하면 운동 이외의 효과도 높아져요.

하루를 소중히 보내야 뇌와 몸이 자란다

혹시 여러분은 밤늦게까지 동영상 시청, 게임이나 SNS를 하느라 잠이 부족하지는 않나요? 살을 빼려고 식사를 거르고 있지는 않나요? 움직이기 싫다고 평소 가벼운 운동조차 안 하고 있지는 않나요?

62페이지에서 설명했듯이, 어린 시절에 하루를 어떻게 보내느냐는 정말 중요해요. 이는 하루하루를 알차게 보내기 위해서뿐만 아니라, 뇌와 몸이 건강하게 자라는 데에도 꼭 필요하거든요. 식사, 수면, 운동, 이 세 가지 생활 습관을 잘 지켜 보도록 해요.

2

나의 강점을 알 수 있는 방법

나를 알면 더 많은 가능성이 보인다

내가 가진 가능성을 크게 넓히고
성장시키려면, 먼저 '나'라는
존재를 잘 알아야 해요.

개성을 알면 나아갈 방향이 보인다

앞으로 내가 좋아하는 일을 하면서 살 수
있다면 정말 행복하겠죠? 그러기 위해서는 내가
좋아하는 것뿐만 아니라, **나의 강점이 무엇인지
아는 것이 매우 중요**해요.

예를 들어 내가 좋아하는 것과 관련된 일을 하고
싶어 한다고 생각해 보세요.

하지만 좋아하는 마음만으로는 **그 일을 할 수
있을지, 그 일이 나에게 맞을지 알 수 없습니다.**

하고 싶은 일의 방향을 결정하려면 나의 개성을
알아야 해요.

나의 장점과 특기를 알고, 그것을 나만의 무기로 만들기 위해서는 다음 세 단계를 밟아야 해요.

첫 번째는 **나를 잘 아는 것**입니다. 우리는 자신을 안다고 생각해도, 잘 모를 때가 많아요. 그래서 자신뿐 아니라 때로는 다른 사람의 힘도 빌려야 합니다.

두 번째는 **나의 장점과 특기를 인정하는 것**입니다. 나의 강점을 이해하면 자신감이 생기고, 무언가를 하기 위한 힘이 될 수 있어요.

세 번째는 **나의 장점과 특기를 마음껏 키우는 것**입니다. 여러분에게는 무한한 발전 가능성이 있어요. 꾸준히 노력한다면 나만의 강점이 살아가는 데 든든한 무기가 될 거예요.

나의 장점과 특기를 찾는 방법

혼자 생각해도 잘 모르겠다면,
주위 사람들의 도움을 받아 보세요.

나에 대해 적어 보기

내가 하고 싶은 일이나 되고 싶은 직업을 생각할 때 가장 먼저 해야 할 일은 바로 나 자신을 아는 것입니다.

하지만 **자기 자신을 잘 알고 있다고 생각해도, 실제로는 제대로 이해하기 어려울 때가 많아요.** 나는 어떤 사람일까요? 우선 **나의 성격, 좋아하는 것과 싫어하는 것, 잘하는 것과 못하는 것을** 떠올려 보고, 노트에 적어 목록을 만들어 보세요.

① 내가 생각하는 장점과 특기를 적어 본다

먼저 나의 장점과 특기를
생각나는 대로 적어 목록을 만들어 보자.

다른 사람의 눈으로 나를 파악하기

친구나 가족 등 **주변 사람들에게 칭찬받았던 기억을 떠올리는 것**도 나를 알아 가는 방법 중 하나입니다. 여러분은 누군가에게 "와, 잘한다!" "나는 너처럼 못 해" 같은 말을 들어 본 적 있나요? 나의 장점이나 특기는 **나에게는 당연한 것이라서 스스로는 좀처럼 깨닫기 어렵습니다.** 나는 당연하게 할 수 있는 일이 친구들에게는 당연하지 않을 수도 있죠.

부모님이나 친구들에게 "내가 뭘 잘한다고 생각해?" "내가 줄곧 좋아했던 게 뭐였지?"라고 물어봐도 좋습니다. **가까운 사람일수록 나를 솔직하게 바라볼 수 있어요.** 그들의 이야기를 들어 보면 나의 새로운 면을 발견할 수도 있습니다.

③ 다른 사람에게 칭찬받았던 기억을 떠올려 본다

지금까지 친구나 선생님, 가족 등에게 칭찬받은 적이 있다면, 사소한 것이라도 좋으니 떠올려 보자.

② 가족, 친구 등에게 직접 물어본다

나의 장점과 특기가 무엇인지 가까운 사람들에게 직접 물어보자.

특기를 최대한 키우자

우리는 단점이 아니라 장점에 집중해야 합니다. 내가 잘하는 것을 더 잘할 수 있도록 키워 보세요.

장점을 살리면 단점은 작아진다

나의 장점과 특기를 찾았다면, 이제 그것을 마음껏 키워 나가도록 해요.

물론 잘하는 것 외에도 여러 가지를 배운 경험은 어른이 된 뒤에 큰 도움이 됩니다. 약점을 극복하는 힘을 길러 둬서 나쁠 것은 없죠.

하지만 어른이 되어 직장에 들어가면 **나의 장점이나 특기를 살려 일할 수도 있습니다.** (p.202)

취약한 부분에만 신경 쓰며 침울해하지 말고, 자신의 장점에 더 집중하세요. 장점과 특기를 갈고닦아 누구에게도 뒤지지 않는 능력으로 키운다면, **단점이 신경 쓰이지 않을 만큼 자신감이 생길 거예요.**

튀어나올 정도의 돌이 되자

"모난 돌이 정 맞는다"라는 속담이 있어요. 이 말의 뜻처럼 우리 사회에서는 뛰어난 실력과 재능을 가진 사람을 주위에서 시샘하고 따돌리는 경향이 있습니다. 그렇다면 눈에 띄지 않게 조용히 살면 될까요?

주변 사람들의 시선을 신경 쓸 필요는 없어요. **다른 사람들이 질투할 생각도 못 할 만큼 장점을 키워 뛰어난 실력을 갖추면 됩니다.**

모난 돌은 정을 맞아도 너무 모난 돌은 정을 맞지 않는 것처럼, 너무 뛰어나면 누구도 쉽게 못 건드리니까요.

'꼭 해야 해'라는 생각에서 벗어나자

고정관념에 너무 사로잡히면,
내가 진짜 원하는 것을 놓치고
나의 가능성을 닫아 버리게 돼요.

고정관념은 생각을 멈추게 한다

좋아하는 것을 찾지 못하는 사람, 잘하는 것을 키우지 못하는 사람은 '○○해야만 해'라는 생각이 너무 강한 경우가 많아요. 예를 들면 '나는 반드시 이걸 해야 해' '나는 이건 절대 못 해' 같은 생각이에요. 이런 **고정관념이 나도 모르는 사이에 내 마음에 제동을 걸어, 도전하기도 전에 포기해 버리게 되죠.**

이런 상태가 계속되면 나의 본심에 뚜껑을 닫는 버릇이 생겨, 진짜 내가 바라는 것이 무엇인지 알 수 없게 돼요.

고정관념을
버리자

○○해야만 해

절대 못 해

어차피 달라지지 않아

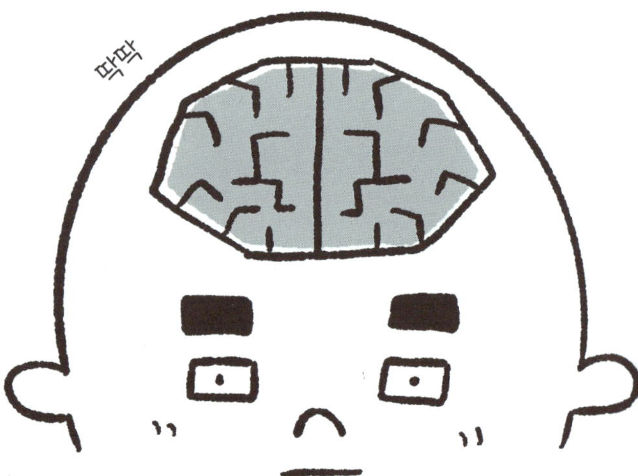

'해도 되는 인내'와 '하지 않아도 되는 인내'

우리 사회는 옛날부터 '인내하고 노력하는 것'을 좋은 일로 여겨 왔습니다. 물론 인내하면서 꾸준히 노력하면 성장하는 경우도 있어요. 예를 들어 놀고 싶은 것을 참고 공부나 운동을 열심히 하면, 그것이 나의 가능성을 넓히고 몸과 마음을 강하게 만들어 주죠. 이처럼 자신을 성장시키는 인내는 '해도 되는 인내'입니다.

반면 '하지 않아도 되는 인내'는 자신이 성장하지 않는 인내입니다. 이를테면 친구들의 괴롭힘을 참고 견딘다고 나에게 도움이 되는 건 아니죠. 그러니 이 인내가 해도 되는 인내인지 아닌지를 판단하는 것이 중요해요.

경직된 사고를 유연한 사고로

다른 선택지도 생각해 보자

할 수 있는 건 전부 해 보자

나는 반드시 달라질 거야

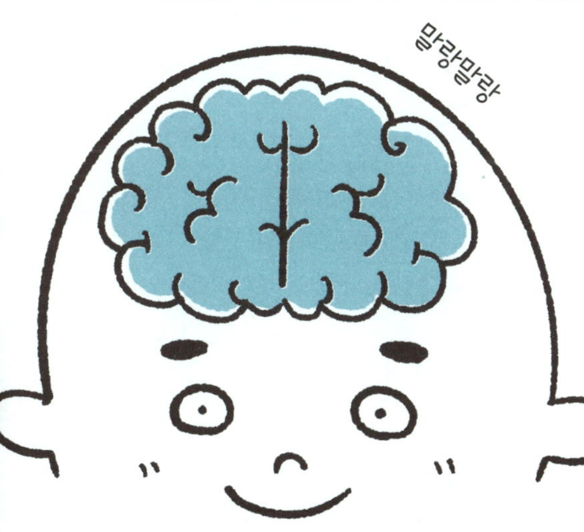

유연한 사람

영국의 경제학자 존 메이너드 케인스는 "새로운 생각을 받아들이는 것보다 낡은 생각에서 벗어나기가 더 어렵다"라고 말했어요.

'세상이 이러니까' '지금까지 나는 이랬으니까'라는 **고정관념을 버리기는 정말 쉽지 않습니다.** 하지만 그런 생각에만 머물러 있으면, 나의 가능성은 커지지 않아요.

만일 '○○해야만 해'라는 생각에 얽매이려 할 때는 '정말 그럴까?' 하고 의심해 보세요. 그러면 '다른 방법도 있어' '나는 반드시 달라질 수 있어'라는 생각으로 바뀔 수 있습니다.

딱딱하게 경직된 사고가 아닌 유연한 사고를 할 수 있도록 평소에 연습해 보세요.

재능과 감각은 스스로 갈고닦는 것

실력이 뛰어난 사람을 보면 '저 사람은 재능이 있구나'라는 생각이 듭니다. 그 재능이야말로 열정과 노력으로 만들어진 결과예요.

재능을 핑계 삼지 말자

음악이나 미술, 운동 같은 것을 잘 못한다고 생각하나요? 그렇다면 "나는 타고난 재능이 없어서…"라며 재능이나 감각을 이유로 내세우지는 않나요? 하지만 **"재능(감각)이 없다"라는 말은 노력하지 않거나 도전하지 않으려는 핑계**에 불과합니다. 물론 사람마다 개인차가 있지만, 재능이나 감각은 꼭 타고나야만 하는 것은 아니에요. 이는 **살면서 갈고 닦는 것이며, 후천적으로 키울 수 있습니다.**

예를 들어 나보다 야구를 잘하는 친구를 보면, '재능이 있어서

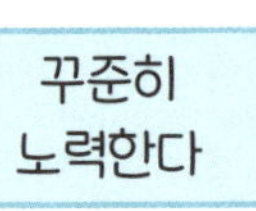

다른 사람의 재능을 질투한다

A

다른 사람의 재능과 감각을 질투해 노력하는 것을 멈춘다.

B

매일 노력해 발전하고, 더 높은 목표를 향해 나아간다.

부럽다'라고 생각할 수 있어요. 하지만 그 친구는 꿈을 이루기 위해 누구보다 꾸준히 힘든 훈련을 하고 있을지도 모릅니다. 재능 뒤에는 눈에 보이지 않는 노력이 있다는 것을 잊지 마세요.

눈앞에 벽이 있어도 넘을 수 있다

노래 실력이 없다고 생각한다면 연습을 많이 하면 돼요. 공부에 소질이 없다고 생각한다면 더 많이 공부하면 됩니다. 지금 여러분이 '재능의 벽'을 느끼고 있다면, **열정을 힘으로 삼아 남들보다 두 배 더 노력해 보세요.** 그러면 반드시 그 벽을 넘을 수 있습니다.

사람은 누구나 적성과 능력의 차이가 있다. 그런데도 넘을 수 없을 것 같은 벽은 열정과 노력으로 반드시 넘을 수 있다.

은퇴 이후의 삶도 생각했던 오타니 쇼헤이 선수

프로 스포츠 선수는 많은 아이가 꿈꾸는 직업이에요. 하지만 그 길은 매우 어려워서 프로가 될 수 있는 사람은 아주 적습니다. 또 프로가 되더라도 언젠가는 그 자리에서 물러나야 하죠. 일본야구기구의 조사에 따르면, 2021년에 선수 생활을 그만둔 사람들의 평균 나이는 27.8세였어요. 미국 메이저 리그에서 활약 중인 오타니 쇼헤이 선수는 고등학교 시절에 이미 은퇴 이후의 인생 설계도 생각했다고 해요. 인생은 프로 생활이 끝나도 계속 이어집니다. 머리를 많이 쓰는 장기나 e스포츠를 포함한 다른 스포츠도 마찬가지예요. 꿈을 계속 추구하는 것은 훌륭한 일이지만, 은퇴 후의 삶도 미리 생각해 두는 것이 중요합니다.

남과 비교하지 말고 나의 목표를 향해 나아가자

나를 다른 사람과 비교해서 자신감을 잃을 필요는 없습니다. 먼저
내가 좋아하는 것이 무엇인지 깊이 생각해 보세요.

남보다 위인지 아래인지는 따지지 말자

사람은 본래 무언가와 비교하고 싶어
하는 존재예요. 사실 우리가 자신의
특징을 알 수 있는 이유는 사회 속에
다양한 비교가 있기 때문이죠.
비교 자체가 나쁜 것은 아닙니다.
**남보다 뒤떨어진다는 생각에 기죽지
않고, 뛰어나다고 해서 우쭐하며
멈춰 버리지 않는 자세**가 중요해요.
비교에서 비롯된 이런 감정은 오히려
나의 성장을 방해합니다.
사람은 누구나 잘하는 것도 있고,
못하는 것도 있어요. 자신을 남과
비교해 잘하고 못하는 것을 따지며
기뻐하거나 슬퍼하지 않아도
괜찮습니다.

나의 목표를 향해 긍정적으로 행동하자

나의 목표는 **스스로 결정**해야 합니다. 중요한 점은 '다음에는 저 사람을 이기겠어!'처럼 남과 비교해 목표를 세우는 것이 아니에요. 바로 '저 사람은 정말 대단하네. 나도 내

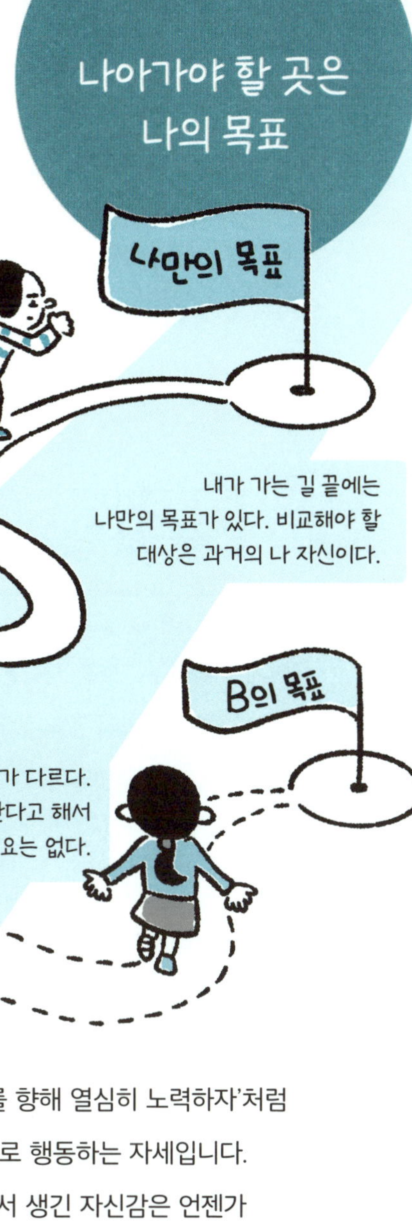

목표를 향해 열심히 노력하자'처럼 긍정적으로 행동하는 자세입니다. 남과 비교해서 생긴 자신감은 언젠가 더 뛰어난 사람이 나타나면 쉽게 사라질 수 있어요. 그보다는 지금의 내가 어제보다, 1년 전보다 얼마나 나아졌는지를 기준으로 삼는 것이 좋아요. **진짜 경쟁 상대는 다른 사람이 아니라 바로 나 자신**이니까요.

세상이 정한 '보통'에 얽매이지 말자

세상에는 온갖 '보통'이 넘쳐
납니다. 하지만 그 기준에 따라
살아갈 필요는 없어요.

다른 사람의 '보통'은 멋대로 정한 기준

"이게 보통이야" "보통 사람은 그런 거
안 해!"라는 말, 많이 들어 봤죠? 그런데
'보통'이란 과연 무엇일까요?
어떤 사람들은 이 말을 절대적인
규칙이나 기준처럼 사용해요. 하지만
실제로는 모두가 명확하게 인정한 것이
아니라, **대부분은 누군가가 자기 마음대로
'이게 보통'이라고 생각하고 있을 뿐**입니다.
사람이나 장소가 바뀌면 그 내용도 달라지죠.
우리 생활에서 당연하게 느껴지는 것들이
당연해진 것은 불과 얼마 안 된 일이에요.
지금의 '보통'이나 누군가의 '보통'도 시간이
지나면 얼마든지 달라질 수 있어요.

다른 사람의 관점

세상의 '당연함' '상식'
'보통'은 누군가가 마음대로
정한 기준일 때가 많다.

**똑같지 않은 것을
두려워하지 않는다**

남과 다른 관점은 나의 강점이 된다

만일 여러분 주위에 '나의 보통'을 내세우는 사람이 있다면, **그 기준에 꼭 맞출 필요는 없습니다.** 사실 '보통'은 아무 특징이 없고 흔해 빠진 것이며, 좀 더 솔직히 말하면 따분한 것이기 때문이죠.

남과 다르다는 것은 나쁜 일이 아니에요. 오히려 **남들과 다른 관점은 앞으로 살아가면서 큰 강점이 될 수 있어요.**

그러니 다른 사람의 '보통'에 얽매이지 말고, 자신의 가치관을 소중히 여기세요.

내가 하고 싶은 것, 좋아하는 것을 마음껏 해 보면 된답니다.

나의 관점

남들과 다른 것을 두려워할 필요는 없다. 남과 다른 관점을 지니는 것은 큰 강점이다.

좋아하는 것을 함께 나눌 수 있는 친구 사귀기

즐거워서 함께 있는 것이 아니라 함께 있지 않으면 불안한 인간관계는 진심으로 마음을 터놓는 사이라고 할 수 없어요. 별로 친하지도 않은데, 단지 외롭지 않으려고 억지로 어울리는 관계라면 오히려 답답하겠죠. 그런 친구라면 없어도 괜찮습니다. 하지만 사람들과의 교류가 끊기면 누구나 점점 고립될 수 있어요. 내가 좋아하는 것이나 취미가 있다면, 그것을 연결고리로 다양한 인간관계를 맺어 보세요.

딱히 좋아하는 것이 없다면, 동호회나 동아리 활동에 참여해서 같은 목적을 위해 협력하는 친구들을 사귀는 것도 좋습니다. 그저 어울리기만 하는 친구는 많지 않아도 괜찮아요. 좋아하는 것을 함께 나눌 수 있는 친구가 단 한 명이라도 있다면 충분합니다.

단점도 생각하기에 따라 장점이 될 수 있다

내가 생각하는 나의 단점은 사실 장점일 수도 있습니다. 긍정적인 면을 찾아보는 습관을 길러 보세요.

단점을 긍정적으로 바라보기

장점을 키우고 단점을 없애는 것(p.70)이 아니라, **'단점도 생각을 바꾸면 장점이 될 수 있다'**라는 마음으로 바라보면 좋아요. 예를 들어 시험에서 40점밖에 못 받으면 대부분 속상하겠죠. 하지만 '앞으로 60점이나 더 오를 수 있어' '조금만 공부하면 점수가 확 오를 것 같아'라고 긍정적으로 생각할 수도 있어요. 이렇게 무슨 일이든지 '어떻게 생각하느냐'에 따라 좋은 쪽으로 바뀔 수 있습니다.

단점을 아는 것이 성장으로 이어진다

만약 자신의 단점이 '수다스러운 것'이라면, '이야깃거리가 풍부하다'라고도 생각할 수 있어요. '쉽게 싫증을 내는 것'이라면 '호기심이 강하다'라고 생각할 수 있고, '남의 의견에 잘 휩쓸리는 것'이라면 '협조성이 좋다'라고 긍정적으로 생각할 수 있죠. 그렇다면 '성격이 급하다' '주목받고 싶어 한다' '지기 싫어한다' 같은 단점은 어떤 장점으로 바꿀 수 있을까요? 이제는 **내가 생각하는 단점이 의외로 장점이 될 수 있음**을 알았을 거예요. 나의 단점이나 약점을 솔직히 인정하는 것은 큰 용기가 필요한 일이죠. 하지만 단점을 아는 것은 내가 성장하기 위한 첫걸음입니다.

도전과 작은 성공을 차곡차곡 쌓아 가자

처음부터 큰 꿈이나 목표를 향해 달리기보다는 작은 허들을 넘는 것부터 시작해 보세요.

작은 허들을 넘는다

어떤 일을 시작하려고 할 때 '잘 될까?' '실패하면 어쩌지?' 하는 불안감에 주저한 적은 없나요? 누구든지 처음 도전할 때는 긴장되고 부정적인 생각이 들기 마련입니다. 특히 그 도전이 큰 꿈이나 목표를 향한 것이라면 더 그렇죠.

물론 꿈이나 목표를 한 번에 이루기는 쉽지 않아요. 그러니 **커다란 벽이 아닌 작은 허들을 뛰어넘는 것부터 시작해 보세요.**

새로운 것과 맞닥뜨렸을 때 '실패하면 어쩌지?' 하고 주저할 수도 있다. 하지만 도전하지 않으면 앞으로 나아갈 수 없다. '일단 해 보자!'라는 마음으로 도전하자.

작은 성공이
큰 자신감이
된다

어릴 때는 먼저 무슨 일이든 도전해 보고, **작은 일이라도 성공해 본 경험을 쌓는 것**이 정말 중요해요.

'해냈다!'라는 경험이 많아지고, 어렵다고 생각한 일에 노력을 쏟는 과정에서 '나는 ○○도 할 수 있어!'라는 자신감이 생깁니다.

그러면 '더 하고 싶어' '이것도 도전해 보고 싶어'라는 마음이 생겨요. 이 마음이 여러분을 계속 성장시켜 줄 거예요.

완벽한 준비는 없어도 괜찮습니다. 하면서 성장한다는 마음으로 자신 있게 도전해 보세요.

작은 성공 경험이 성장의 밑거름이 된다

실패와 좌절을 이겨 내는 생각의 힘

성공하기 위해서는 실패가 필수입니다.
'나는 안 돼' 하며 포기하지 말고,
실패를 발판 삼을 수 있는
유연한 마음을 가져 보세요.

실패도 성공으로 가는 씨앗이다

아무리 위대한 위인이나 성공한 사람이라도 **실패나 좌절을 한 번도 안 겪은 사람은 없어요.** 그들은 어려운 일을 만났을 때 포기하지 않고 지혜롭게 이겨 냈기 때문에 성공할 수 있었던 것이죠.
발명왕 토머스 에디슨은 이렇게 말했습니다. "나는 실패한 적이 없다. 다만 잘 안 되는 방법을 1만 가지 발견했을 뿐이다." 즉, 그는 실패를 '성공의 씨앗'으로 본 거예요. 어려움을 이겨 내는 힘을 '회복 탄력성'이라고 합니다. 살다 보면 실패나 좌절을 자주 겪게 돼요. 또 압박감이나 스트레스에서 완전히 벗어나기 어려워요. 따라서 한 번의

경직된 마음을 가진 A

좌절이나 실패, 스트레스를 겪으면 바늘로 풍선을 찌른 것처럼 터져 버린다. 한번 우울해지면 회복하기 힘들다.

경직된 마음과

실패로 '이제 다 끝이야'라며 좌절하지 말고, **'다음에는 잘할 수 있을 거야'라고 생각하는 회복 탄력성을 기르는 것**이 중요합니다.

실패를 피하면 피할수록 더 두려워진다

실패하고 상처받는 것은 누구에게나 두려운 일이에요. 하지만 실패를 자꾸 피하면 오히려 실패가 더 두려워져 도전하고픈 마음이 움츠러듭니다.

실패나 좌절도 결국 나를 성장시키는 경험이에요. **이는 틀림없이 평생의 자산이 됩니다.** 그러니 도전과 실패를 거듭하며 앞으로 나아가세요.

유연한 마음

모든 것을 완벽하게 해내지 못해도 괜찮다

세상의 많은 일은 팀워크로 이뤄집니다. 혼자서 모든 일을 완벽하게 해낼 필요는 없어요.

완벽주의로 고통받는 어른들

혹시 '시험에서 꼭 100점을 받아야 해' '무슨 일이든 남에게 의지해서는 안 돼'라고 생각한 적 있나요? 학교에서는 전부 아는 것이 바람직하다고 가르치죠.

하지만 **사람은 누구나 잘하는 것과 못하는 것이 있어요.** 모든 것을 다 잘할 수는 없으며, 모르는 것이 있다고 해서 부끄러워할 일도 아니에요.

모든 일을 완벽하게 해내야 한다고 생각하는 것을 '완벽주의'라고 합니다. **완벽을 추구하다 보면 오히려 자신을 괴롭히게 돼요. 어른 중에도 이런 사람이 많답니다.**

모든 일을 직접 할 필요는 없다

학교에서는 반을 만들어 활동하고, 담당을 정해서 할 일을 분담합니다. 이처럼 **세상의 대부분 일도 역할을 정해서 팀워크로 해내고 있어요.**

내가 잘 못하는 일은 잘하는 사람에게 맡길 수도 있고, 내가 잘하는 일은 다른 사람 대신 맡아서 해도 되죠.

다른 사람에게 의존하지 않고 모든 것을 혼자 하려다 보면, 어느 순간 한계가 찾아옵니다.

따라서 약점을 극복하는 데만 시간을 보내지 말고 자신의 강점을 더 키워 보세요.

대부분 일은 팀워크로 이뤄진다

관찰력이 좋다

소통에 능숙하다

아이디어가 뛰어나다

계산을 잘한다

내가 잘하는 것을 알리자

어른이 되어서도 계속 활약하는 사람은 주변 사람들에게 자신의 존재를 적극적으로 알립니다. '그 사람은 이런 일을 잘하니까 맡기고 싶어'라는 말이 돌게 되면, 그 사람에게는 일이 계속 들어오게 돼요.

즉, 나의 특기를 나 혼자만 알고 있어서는 안 된다는 뜻입니다. 사람들이 알아주기를 기다리기보다는 내가 잘하는 것을 먼저 적극적으로 말할 줄 알아야 해요. 어른이 되었을 때 활약하고 싶다면, 지금부터 주변 사람들에게 "나는 이런 것을 잘해요"라고 자신 있게 말해 보세요.

더 잘하고 싶다는 마음이 특기와 장점을 키운다

남들의 평가에만 신경 쓰면 허영심이 생깁니다. 허영심보다는 향상심을 소중히 여기세요.

종이 갑옷을 입으면 성장할 수 없다

다른 사람에게 칭찬을 받으면 누구라도 기분이 좋아지기 마련입니다. 남들의 평가가 자신감과 성장의 디딤돌이 되기도 하고, 재능이나 강점을 발견하게 만들기도 하죠.

하지만 **남들의 평가가 모든 것의 기준**이 된다면 어떨까요? '더 잘 보이고 싶어' '실제보다 더 대단한 사람으로 보였으면 좋겠어'라는 **허영심이 점점 커지겠죠.**

허영심은 '종이로 만든 갑옷'과 같습니다. 그저 자신을 그럴싸하게 포장해 줄 뿐이에요. **아무리 겉모습이 훌륭해도, 그것은 진짜**

허영심이 아닌 향상심을 가지자

내 모습이 아닙니다. 그러면 아무리 대단하게 보이려고 애써도 결국 성장할 수 없어요.

누구에게나 다른 사람에게 칭찬받고 싶고, 인정받고 싶은 마음이 있어요. 그 마음이 허영심이 아니라 **향상심으로 이어지기를 바랍니다.**

'향상심'은 지금보다 더 뛰어나거나 높은 것을 목표로 삼으려는 마음이에요. **있는 그대로의 나를 인정하고, 더 나아지기 위해 꾸준히 노력하면 나의 강점은 더욱 발전합니다.**

진짜 중요한 것은 남들이 어떻게 생각하느냐가 아니라, 내가 '어떻게 되고 싶은가'예요.

있는 그대로의 나를 인정한다

더 높은 목표를 향해 노력한다

향상심
현재 상태에 만족하지 않고 더 뛰어나거나 높은 것을 목표로 발전하려는 마음.

인생에 힌트를 주는 위인과 유명인의 명언

세상의 모든 위인과 유명인도 힘든 시기를 겪었고, 이를 이겨 냈습니다.
그들의 말은 우리가 인생의 갈림길에 섰을 때 힘이 될 수 있어요.

"대체할 수 없는 사람이 되려면
남들과 달라야 한다."

코코 샤넬(패션 디자이너, 1883~1971)

세계적인 패션 브랜드 '샤넬'을 만든 인물이에요.
사회에 나가기 시작한 여성의 자립을 내세우며 당
시로서는 획기적인, 단순하고 실용적인 옷을 디자
인했죠. "인생은 한 번뿐이다. 그러니 마음껏 즐겨
라"라는 말도 남겼어요.

"인생에서 필요한 것은 무지와
자신감뿐이다. 이 두 가지만
있으면 틀림없이 성공한다."

마크 트웨인(작가, 1835~1910)

《톰 소여의 모험》을 쓴 미국 작가예
요. 그는 무지로 생기는 새로운 시각
으로 세상을 바라보고, 그것을 믿을
수 있다면, 해야 할 일은 형태를 갖추
게 된다고 생각했어요.

"천 가지 아이디어가 있고, 그중 하나라도
성공한다면 저는 만족합니다."

알프레드 노벨(과학자이자 발명가, 1833~1896)

다이너마이트를 만든 스웨덴의 과학자이자 발명가
예요. 자신의 유산을 기금으로 노벨상을 만들어 '인
류를 위해 가장 큰 공헌을 한 사람'에게 영예를 안겨
주라고 유언했어요.

"장지문을 열어 봐라.
바깥세상은 넓다."

도요다 사키치(발명가이자 사업가, 1867~1930)

세계적인 자동차 회사 '도요타'의 기반을 다진 인물
이에요. 제1차 세계 대전 후 중국 진출을 반대하는
사람들에게 이 말을 하며, 새로운 세계로 나아가는
강인한 마음을 가져야 한다고 강조했어요.

"그 일을 할 수 있다,
하겠다고 결단하라.
그리고 그 방법을
찾아라."

에이브러햄 링컨(정치인, 1809~1865)

미국 제16대 대통령으로 '노예 해방의
아버지'라고 불려요. 노예 해방 선언에 서
명하고 남북 전쟁에서 승리해 흑인 노예를
해방했어요. "국민의, 국민에 의한, 국민
을 위한 정치"라는 말로도 유명하죠.

사카모토 료마(사상가, 1835~1867)

에도 막부 말기의 사상가예요. 사쓰마-조슈 동맹을 이끌어 대정봉환(도쿠가와 막부가 정권을 천황에게 반환한 사건-옮긴이)으로 이어지게 했고, 근대 일본의 탄생에 결정적인 역할을 했어요. 이 말은 사카모토 료마를 그린 시바 료타로의 소설 《료마가 간다》에 나와요.

나카무라 슈지(공학자, 1954~)

청색 발광 다이오드(청색 LED)를 발명한 공학자로, 2014년 노벨 물리학상을 받았어요. 독창성과 끈기를 강조하며 오랜 시간 노력한 끝에 큰 업적을 남겼어요.

오타니 쇼헤이(야구 선수, 1994~)

고등학교 3학년 때 메이저 리그 도전 의사를 밝히면서 한 말이에요. 2018년 메이저 리그에 진출해 투수와 타자를 동시에 하는 이도류로 활약하고 있어요.

마하트마 간디(사상가이자 정치 지도자, 1869~1948)

비폭력 운동으로 인도의 독립을 이끈 인물이에요. 그의 생각과 행동은 결국 1947년, 인도가 영국의 지배에서 벗어나는 데 큰 역할을 했어요.

루트비히 판 베토벤(작곡가, 1770~1827)

독일의 작곡가이자 피아니스트예요. 청각을 잃은 고통과 신분 차이를 뛰어넘지 못한 사랑으로 괴로워했어요. 하지만 그 모든 고뇌를 창작의 에너지로 바꿔 수많은 명곡을 남겼어요.

무카이 치아키(우주 비행사, 1952~)

일본인 첫 여성 우주 비행사로, 1994년 우주 왕복선에 탑승했어요. 남성 중심 사회였던 그 시절, 전 세계적으로도 여성이 드물었던 우주 비행사라는 직업에 도전해 우주라는 미지의 공간에서 임무를 수행했어요.

'좋아하는 것×잘하는 것'으로 일의 폭이 넓어진다

좋아하는 것과 잘하는 것을 결합해서 생각하면, 앞으로 할 수 있는 일의 범위가 훨씬 넓어집니다. 직접 글로 적으면서 생각해 보세요.

잘하는 것은 좋아하는 것과 직접 관련이 없어도 괜찮다

좋아하거나 잘하는 것을 바탕으로 하고 싶은 일을 생각해도 좋아요. 그런데 **이 두 가지를 합쳐서 생각하면, 선택할 수 있는 일의 종류가 훨씬 많아집니다.**

먼저 자신이 좋아하는 것을 떠올려 보세요. 이를테면 패션을 좋아한다고 해도, 그 이유는 사람마다 달라요. 옷을 코디하는 것을 좋아하는 사람도 있고, 유명인의 의상을 구경하는 것이 흥미로운 사람도 있죠.

다음으로 자신이 잘하는 것을 생각해 보세요. 좋아하는 것과 직접 관련이 없어도 괜찮습니다.

알아 두기!

수요가 없으면 일거리도 없다

좋아하는 것과 잘하는 것을 합쳐 직업으로 삼을 수 있다면 정말 근사할 거예요. 하지만 그렇게 하려면 또 한 가지 중요한 조건이 있습니다. 바로 사회의 필요를 생각하는 거예요. 아무리 내가 "이걸 좋아해" "이걸 잘해"라고 말할 수 있어도, 다른 사람들이 필요하거나 도움이 된다고 생각하지 않으면 직업으로 이어지기 어렵습니다. 내가 좋아하거나 잘하는 것을 직업으로 삼고 싶다면, 그것이 사회에 필요한 일인지, 지금 시대에 맞는 일인지 먼저 생각해 보세요. 수요가 있는 곳에 나를 맞춰 본다는 색다른 방법으로 하고 싶은 일을 찾아보는 것도 좋습니다.

좋아하거나 잘하는 것 주변에는 어떤 직업이 있을까?

마지막으로 자신이 나열한 좋아하는 것과 잘하는 것을 결합해 보세요. 떠오르는 직업이 있나요?

예를 들어 패션을 좋아하고 물건 만들기를 잘한다면, 패션 디자이너가 적성에 맞을 수 있어요. 글쓰기에 소질이 있다면 패션 잡지 기자가 될 수도 있고요. 사람들과 대화하는 것을 좋아하고 잘한다면, 매장 운영이나 패션 어드바이저를 고려해 볼 수 있습니다.

좋아하거나 잘하는 것을 꼭 하나로만 정할 필요는 없어요. 많으면 많을수록 나중에 선택할 수 있는 일이 다양해지거든요. 평소에 **내가 좋아하거나 잘하는 것 주변에 어떤 직업들이 있는지** 관심을 가지고 살펴보세요.

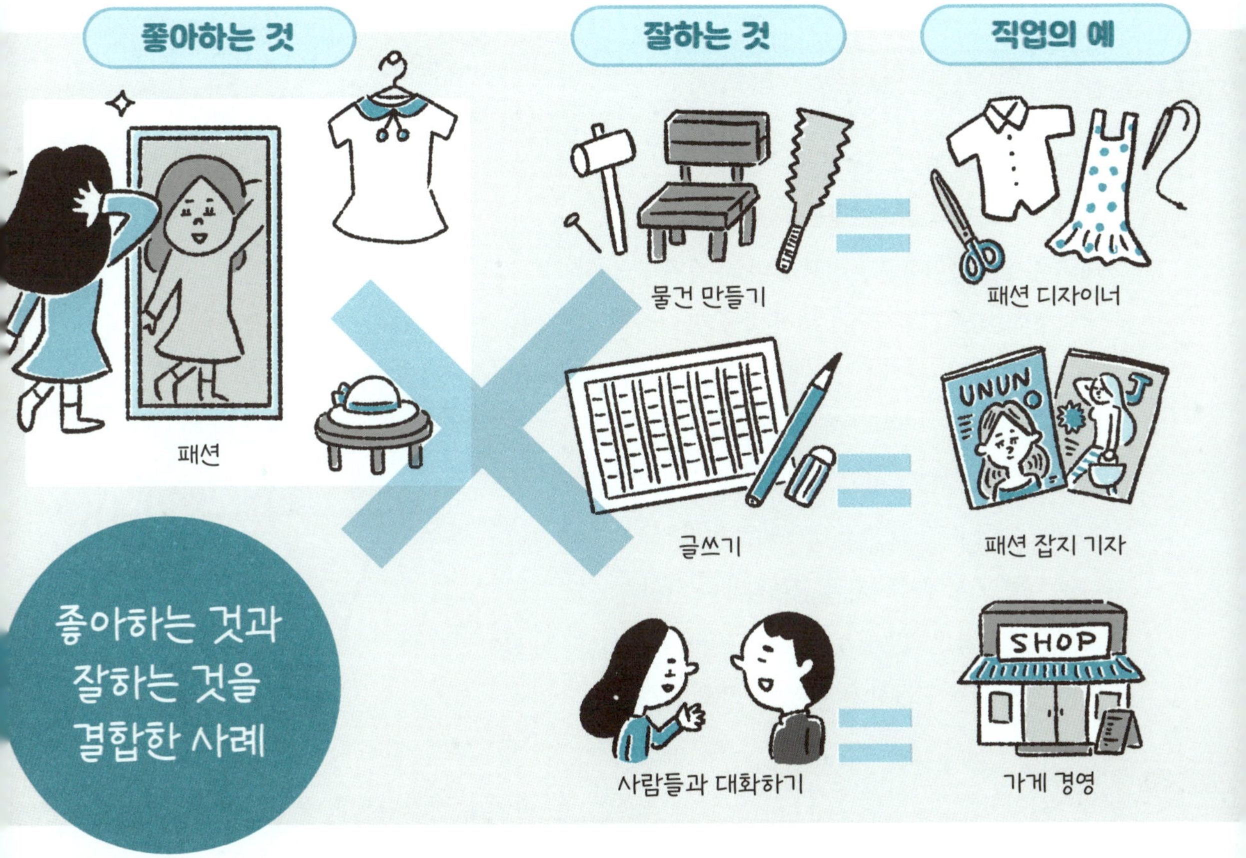

좋아하는 것	잘하는 것	직업의 예

좋아하는 것과 잘하는 것을 결합한 사례

패션

물건 만들기 = 패션 디자이너

글쓰기 = 패션 잡지 기자

사람들과 대화하기 = 가게 경영

모든 것의 기초는 자신감

한국 청소년들은 자기 긍정감이 높은
편이에요. 이 말은 지금의 나 자신을
믿고, 살아가는 데 필요한 기초를
튼튼하게 쌓을 수 있다는 뜻이죠.

자기 긍정감이 높은 한국 청소년

'자기 긍정감'이란 지금의 나를 있는 그대로
받아들이고, 이대로도 괜찮다고 느끼는
감각이에요. **한국 청소년들은 자기 긍정감이
비교적 높은 편**이라고 알려져 있어요. 일본
국립청소년교육진흥기구가 세계 일곱 개 나라의
13~29세 젊은이를 대상으로 한 조사에 따르면,
"자기 자신에게 만족하나요?"라는 질문에 "그렇다"
또는 "대체로 그렇다"라고 답한 사람의 비율이 일본
45.8%, 한국 71.5%, 미국 86.5%였습니다.
다만, 다른 조사에서는 **한국 고등학생의 자기
긍정감이 중학생보다 낮은 것**으로 나타났어요.
어릴 때는 '나는 뭐든지 할 수 있어!'라고 믿던

A

자신감 부족으로
멈춰 선다

자신감이 없어서 첫걸음을
내딛지 못한다. 새로운 것에
도전해도 '나는 안 될 거야'라며
쉽게 포기한다.

B

어떤 일이든 자신감을 가지고
대한다. 새로운 것에 도전해도
'나는 할 수 있어'라는 마음으로
긍정적으로 시작한다.

아이들이 학교생활을 하면서 '나보다 더
잘하는 친구들이 있구나' 하며 현실을 계속
마주하다 자신감을 잃어버린 것인지도
몰라요.

자신감이 있으면 두려움 없이 도전할 수 있다

'지금의 나'를 믿는 자신감은 앞으로
살아가는 데 아주 중요한 밑거름입니다.
따라서 **나의 강점을 파악하고, 그 점을
갈고닦는 것이 중요**해요.
작은 일이라도 꾸준히 하다 보면, '나는
괜찮을 거야'라는 자신감이 생깁니다.
이 믿음이 쌓이면 **어떤 일이든 두려움 없이
도전할 수 있게 돼요.**

일하는 사람들에게 물어봤다 ②
지금 하는 일에서 보람을 느낄 때는 언제인가요?

세상에는 다양한 직업이 있고, 사람마다 일에서 보람을 느끼는 순간도 다릅니다.
일하는 사람들은 언제 보람을 느낄까요?

30대 여성 (요양 보호사)

몸을 움직이는 것이 불편한 사람들을 돕고 싶어서 이 일을 선택했어요. 힘들 때도 많지만, 이용자분들의 웃는 얼굴을 보거나 "늘 고마워요" "정말 도움이 돼요"라는 인사를 들으면 '이 일을 선택하길 잘했구나'라는 생각이 들어요. 사람들과 사회에 도움이 된다는 걸 실감할 수 있어서 보람을 느껴요.

20대 여성 (시스템 엔지니어)

고객에게 필요한 시스템을 개발하고 있어요. 혼자서 하는 게 아니라 팀원들과 협력해서 소프트웨어를 만들죠. 큰 프로젝트가 구체화되었을 때 성취감과 보람이 커요. 여성이 적은 회사지만, 젊은 직원들이 많아 의견을 자유롭게 나눌 수 있어서 마음에 들어요.

30대 남성 (무역 회사 직원)

예전에는 컨설팅 업계에서 일하다가 지금은 통조림 같은 가공식품을 취급하는 무역 회사에 다니고 있어요. 내년에는 태국으로 근무하러 갈 예정이에요. 컨설팅 업무와 마찬가지로 지금 하는 일도 항상 새로운 것에 도전할 수 있다는 점이 큰 보람이에요.

30대 남성 (자전거 가게 경영)

아버지가 운영하시던 자전거 가게를 물려받았어요. 자전거를 팔기도 하고, 수리하거나 정비도 하죠. 손님들과 자전거 이야기를 나누는 게 즐겁고, 자전거를 고쳐드렸을 때 손님이 기뻐하시는 모습을 보면 저도 뿌듯하답니다. 지금은 이 가게만의 오리지널 자전거를 만들고 있는데, 그것도 매우 보람 있어요.

40대 남성 (잡지 편집자)

출판사에서 잡지 편집자로 일하다가 서른두 살 때 프리랜서가 되었어요. 지금은 역사 잡지나 웹 콘텐츠의 편집자 겸 작가로 활동하고 있어요. 역사 자료를 읽거나 전문가를 인터뷰하는 것도 재미있지만, 일본 각지의 성(城)을 취재하는 게 가장 흥미로워요. 일하면서 제 지적 호기심도 충족시킬 수 있어서 보람을 느껴요.

20대 여성 (웨딩 플래너)

웨딩 플래너는 결혼을 준비하는 커플의 이야기를 세심히 듣고, 자신의 아이디어와 제안으로 결혼식을 구체화하는 직업이에요. 결혼식은 인생에서 아주 큰 이벤트잖아요. 그 특별한 순간을 도우며 결혼식에 참석한 사람들에게도 기쁨을 줄 수 있어서 무척 뿌듯해요.

3
'진짜 하고
싶은 일'
찾는 법

ZZZ

하고 싶은 일은 임시로 정해도 괜찮다

여러분 앞에는 무한한 가능성이 펼쳐져 있어요. 앞으로 나아가다 보면 하고 싶은 일을 찾을 수 있습니다.

꿈이나 하고 싶은 일이 아직 없어도 괜찮다

'나는 어떤 일이 적성에 맞을까. 미래를 향해 어떻게 살아가야 할까. 대체 나다운 삶이란 무엇일까.' 진지하게 고민해 봐도 실감이 잘 안 나고, 아무것도 떠오르지 않을 수도 있어요.

만일 '나는 하고 싶은 일이 없어' '어서 꿈을 찾아야 해' 하며 조급한 마음이 든다면 **너무 서두르지 않아도 괜찮습니다.** 조바심이 난다는 것은 자신의 힘으로 살아가려 한다는 증거예요. **고민하는 것 자체가 훌륭한 일이죠.**

미래의 방향을 되도록 빨리 정하고 싶어 하는 마음은 이해합니다. 하지만 사람의 마음도, 주변 환경도 하루가 다르게 변하는 법이니까 너무 걱정하지 않아도 돼요.

'임시 결정'이라 생각하고 한 걸음 내디뎌 보자

누구나 어떤 일을 하고 싶다고 생각했다가 시간이 지나면서 생각이 바뀔 때가 있습니다.

그러니 너무 방향을 확정 짓지 말고, **먼저 '임시 결정'이라고 생각하고 시작해 보세요.** 이런저런 시도를 하면서 나아가는 동안 점차 '진짜 결정'에 다다를 테니까요.

그 과정에서 좌절하거나 실패하는 일도 많을 거예요. 그래도 '안 될 거야' '못 하겠어'라며 쉽게 포기하지 말고, 스스로를 믿고 계속 나아가 보세요.

하고 싶은 일을 찾지 못할 때는?

이 세상의 대부분 직업은 '좀 더 ○○하면 좋을 텐데'를 해결하는 것입니다. 일상에서도 그런 관점을 가져 보세요.

'제공하는 쪽'의 관점에서 생각해 본다

아직 이루고 싶은 꿈이나 목표가 없더라도 억지로 정할 필요는 없습니다. 게임이든 독서든 지금 재미있다고 느끼는 것에 먼저 집중하세요.

이 세상의 물건이나 서비스는 제공하는 쪽과 사용하는 쪽이 있습니다. 여러분은 지금 사용하는 쪽이지만, **직업으로 삼는다는 것은 그것을 제공하는 쪽이 된다는 의미**예요. '이건 어떻게 만들어졌을까?' '나는 어떤 점이 재미있다고 느꼈지?' '더 편리하게 만들려면 어떻게 해야 할까?'처럼 고민하는 경험이 나중에 제공하는 쪽이 되었을 때 아이디어 창고 역할을 할 거예요.

물건이나 서비스를 제공하는 쪽은 어떤 생각을 할까?

'○○하면 좋을 텐데'를 실현하는 것이 '일'

여러분은 일상생활에서 **'좀 더 ○○하면 좋을 텐데'**라고 생각한 적 있나요? 이 세상의 직업들은 이런 누군가의 소원을 이뤄 주기 위해 존재합니다.

여러분이 '좀 더 ○○하면 좋을 텐데'라고 느꼈다면, **'어떻게 하면 더 나아질까?'**를 고민해 보세요. 그것이 바로 세상을 바꾸는 어른이 되기 위한 발판 역할을 할 거예요.

세상의 구조와 변화를 살펴보자

뉴스를 보면 정치, 경제, 사회의 움직임 등을 점점 이해하게 됩니다. 세계 전체의 흐름을 따라가 보세요.

지금 아는 것만으로는 미래를 예측하기 어렵다

여러분은 아직 자라는 중이에요. 앞으로 여러 가지를 배우고 경험하면서 어른이 되겠죠. 하지만 지금은 경험해 보지 못하거나 모르는 것이 많을 거예요. 그래서 지금 알고 있는 것만으로 미래를 상상하기는 어렵습니다. 또 세상을 잘 모르는 상태에서 자신이 하고 싶은 일을 발견하기는 쉽지 않죠.

따라서 일상에서 **'세상의 구조'와 '시대의 변화'를 민감하게 알아차리는 것**이 중요합니다. 이 세상에 어떤 일이 일어나고 있는지, 어떤 문제를 해결해야 하는지, 어떤 새로운 기술이나 서비스가 생겨나고 있는지 등에 관심을 가져야 해요.

SDGs의 관점으로 직업을 생각해 본다

지금 세계에는 기후 변화, 감염병, 빈곤, 전쟁과 분쟁, 에너지 부족 등 여러 문제가 있습니다. 국제 연합UN은 이를 해결하기 위해 '지속 가능한 발전 목표SDGs'라는 열일곱 가지 목표를 세웠어요. 이 목표는 국가뿐만 아니라 기업이나 개인도 함께 노력해서 이루자는 약속이에요.

요즘은 SDGs를 적극적으로 실천하는 기업이 늘고 있습니다. 예를 들면 자동차 배기가스를 줄이기 위해 노력하는 기업, 음식물 쓰레기를 줄이려는 기업 등이 있죠. 관심 있는 SDGs 목표가 있다면, 인터넷 검색 등으로 그 문제를 해결하려는 기업이 어떤 일을 하고 있는지 찾아보세요.

뉴스를 보면 세상이 어떻게 돌아가는지 알 수 있다

여러분은 신문이나 TV 뉴스, 인터넷 뉴스를 자주 보나요? 학교 공부뿐만 아니라 **미디어로 세상의 흐름을 파악**하는 것도 하고 싶은 일을 찾는 데 매우 중요합니다.

세상의 구조와 시대 변화를 최대한 많이 알아 두면, 언젠가 **중요한 결정을 해야 할 때 자신의 길을 선택하는 기준이 될 거예요.**

나의 길은 스스로 결정하자

부모님은 여러분에게 여러 조언을 해 주시지만, 무조건 그대로 따라야
하는 것은 아닙니다. 중요한 일일수록 스스로 결정해 보세요.

부모님이 하라는 대로 할 필요는 없다

부모님은 여러분의 성장을 따뜻한 시선으로 지켜보고 있어요.
여러분이 행복하게 살 수 있도록 진심으로 이야기를 들어 주고,
이런저런 조언을 해 주죠.
하지만 **그 조언을 전부 그대로 받아들일 필요는 없습니다.**
이를테면 진로나 직업을 두고 "조금이라도 좋은
학교에 가야 해" "유명한 회사에서 안정적으로
일하는 게 좋아"라고 말할 수도 있어요.
또 여러분이 품고 있는 꿈에 대해 "그건 말도
안 돼" "그런 건 절대 못 해"라고 부정하는
부모님도 있을 수 있죠.
그렇지만 여러분이 걷고 있는 길은 여러분의
인생입니다. 부모님의 기대에 맞추기 위해 꿈을
포기한다면, 자신의 가능성을 스스로 없애 버리는
셈이에요. **어떤 길을 선택할지, 할 수 있을지**
없을지를 결정하는 사람은 바로 여러분
자신입니다.

열정이 전해지면 부모님은 응원단이 된다

잊지 마세요. 부모님은 여러분의 적이 아닙니다.
부모님이 진로와 직업에 대해 의견을 내는
이유는 결국 여러분이 행복하기를 바라는
마음에서예요.
부모님과 의견이 맞지 않을 때는 차분하게
대화를 나눠 보세요.
**여러분이 얼마나 진지하게 도전하려고 하는지
그 열정**이 전달된다면, 분명 부모님도 여러분의
선택을 이해하고 지지해 줄 것입니다.

'부모님을 공경하는 것=부모님이 하라는 대로 하는 것'이 아니다

"부모님의 기대에 꼭 맞추지 않아도 된다"라는 말은 부모님을 무시하거나
거부하라는 뜻이 아니에요. 여기서 하고 싶은 말은, 세대가 다르면 가치관도 다르다는
점입니다. 부모님은 이전 시대에 자라 온 사람들이에요. 예전에는 지금보다 더 남성
중심의 사회였고, 집안일과 육아는 여성의 몫이었어요. 또 한 직장에서 평생 일하는
것이 보통인 시대였죠.
하지만 지금은 달라요. 남성도 육아를 하고, 여성이 밖에서 일하는 것도
자연스러워졌죠. 일하는 방식도 다양해졌습니다. 여러분은 몇 년 후에 어른이 될
사람들이에요. 그러니 여러분 시대의 가치관으로 하고 싶은 일을 고민해 보세요.
부모님을 공경한다는 것은 부모님의 기대에 맞춘다는 의미가 아닙니다.

'가치관'을 살펴보면 나에게 중요한 것을 알 수 있다

'가치관'이란 무엇에 가치를 두는지를 뜻합니다. 하고 싶은 일을 고민할 때는 내가 좋아하거나 잘하는 것뿐만 아니라, 자신의 가치관이 무엇인지를 아는 것도 중요해요.

가치관이란 무엇일까?

가치관은 어떤 일이나 행동을 결정할 때 '나는 무엇에 무게를 두고 판단하는가'의 기준이 되는 것이에요. '내가 소중히 여기는 것은?' '내가 고집하는 것은?' '내가 지키고 싶은 것은?' '남에게 양보할 수 없는 것은?' 하고 자신에게 질문을 던져 보세요. 그러면서 평소 무엇을 중요하게 여기며 일이나 행동을 결정하는지 생각해 보세요. 가치관을 알면 자신을 이해하고 미래를 생각하는 데 도움이 됩니다.

오른쪽 페이지는 가치관을 알 수 있는 간단한 체크 리스트예요. 필기도구로 작성하면서 나의 가치관을 정리해 보세요.

사람마다 가치관이 다르다

여러분에게 '나만의 가치관'이 있듯이, 다른 사람들도 저마다 가치관이 있습니다.

사람은 자신의 가치관과 맞지 않는 일을 하면 스트레스와 불만을 느껴요. 또 다른 사람이 나와 다르게 생각하거나 행동하면, 그 사람에게 거부감이 들기도 하죠.

하지만 가치관은 그 사람이 살아온 환경이나 경험 등에 따라 달라집니다. 그래서 누가 맞고 누가 틀렸다고 말할 수 없어요. 나와 다른 가치관을 가진 사람과 어울리며 새로운 생각을 접하다 보면, 나의 세계도 더욱 넓어질 수 있습니다. 따라서 지금의 가치관만 고집할 필요는 없어요.

①단계   아래에서 '나의 가치관과 맞는 말' 다섯 개를 골라 보세요.

사람의 마음을 움직인다	나답게 살 수 있다	돈
관심 가는 일을 한다	내 실력을 발휘한다	자유로운 시간
리더십을 발휘한다	친구나 주변 사람들과의 관계	다양한 사람과 만난다
나를 성장시킨다	부모와 형제, 친인척을 소중히 여긴다	평온하고 안정된 삶
새로운 것을 창조한다	새로운 지식을 얻는다	이상을 현실로 만든다
사회에 이바지한다	곤경에 처한 사람을 돕는다	성취감을 얻는다
새로운 일에 도전한다	지위나 명예	스스로 결정한다
남과 다른 일을 한다	팀워크로 진행한다	유명해진다
시대를 앞서간다	평화	기타

②단계   선택한 말을 가장 중요한 순서대로 왼쪽 칸에 적어 보세요.
그리고 선택한 이유를 오른쪽 칸에 적어 보세요.

선택한 말은?	그 말을 선택한 이유는?

높음 ↑ 우선순위 ↓ 낮음

꿈과 목표를 이루는 세 단계

꿈을 이루기 위해 어떻게 노력해야
할지 모르겠다면, 꿈에서부터
거꾸로 생각해 세 가지 정도의
목표를 정해 보세요.

꿈이나 목표에서 거꾸로 생각해 본다

꿈이나 목표가 있다는 것은 정말 멋진 일이에요.
하지만 **행동으로 옮기지 않으면, 그 꿈이나 목표는
한낱 동경으로 끝나 버립니다.**
또 꿈이나 목표는 크면 클수록 구체적으로 무엇을 해야 할지 상상하기
어려워요. 그럴 때는 **최종 꿈과 지금의 나 사이에 몇 가지 목표를 설정**해
보세요. 포인트는 큰 목표에서 거꾸로 생각하는 거예요.
큰 목표를 정했다면, 그 목표를 이루기 위한 중간 목표를 정합니다. 그리고
그 중간 목표를 실현하는 데 필요한 작은 목표를 설정해 보세요.
이렇게 세 단계 정도로 나누면, 당장 오늘부터 시작할 수 있는 일이 떠오를
거예요.

③단계 실현하기

꿈이나 목표를 이룬다. 단,
여기서 끝이 아니다. 새로운
꿈이나 목표를 설정한다(만화가
지망생이라면 공모전에 응모해서
상을 받는다 등).

②단계 노력하기

꿈이나 목표를 향해 노력한다.
'이 길은 아닌가?'라는 생각이
들면, 멈춰 서서 궤도 수정을 하는
것도 중요하다(만화가가 되고
싶다면 오로지 만화를 그린다 등).

목표는 바꿔도 괜찮다

목표를 정했다면, 계단을 한 칸씩 올라가듯 실천해 보세요. 단, 무작정 달려가기보다는 **'이 길이 정말 나에게 맞는 것인지' 정기적으로 점검**하는 일도 필요해요. 만일 '목표에서 벗어난 건가?' '이런 방식으로는 힘들겠어'라는 생각이 든다면, 멈춰 서서 목표를 재검토해 보세요.

선택과 결정을 반복하면서 나아가자

결정하는 것을 어려워하는 사람이 많습니다. 하지만 그런 사람일수록 선택하고 결정하는 경험을 자주 해 보는 것이 좋아요.

나의 의지로 선택하고 성장해 간다

입을 옷을 고르고, 외출할 곳을 정하고, 진학할 학교나 취업할 곳을 선택하고…. 인생은 선택과 결정의 연속입니다. 여러분은 앞으로 수많은 갈림길에 서게 될 거예요. 그때마다 **내가 나아가야 할 길을 스스로의 의지로 결정해야 합니다.** 성격이 우유부단해서 결정하는 것이 힘들 수도 있어요. 이를 해결하는 방법은 '**결정하는 경험을 쌓는 것**'뿐입니다. 사람은 매일매일 결정하고 실천하는 과정에서 성장해요. 기대와는 다른 결과가 나오더라도 그 또한 나의 성장으로 이어지죠. 일단 결정을 하고 나면 그다음에는 실행할 수밖에 없어요.

내가 성장하는 선택을 하자

눈앞에 두 가지 문제가 있다고 해 볼까요? 하나는 '조금만 생각하면 풀 수 있는 쉬운 문제'이고, 다른 하나는 '풀 수 있을지 모를 만큼 어려운 문제'입니다. 이 중 어느 쪽을 선택해야 내가 성장할 수 있을까요? 바로 어려운 문제예요. **'어떻게 하면 풀 수 있을까?' 하고 고민하며 도전**하는 자세가 나를 한 걸음 성장하게 하죠.

도전하지 않았던 것을 나중에 후회하지 않도록, 선택과 결정을 반복해 보세요.

'되고 싶은 직업'보다 '하고 싶은 일'을 출발점으로 삼자

많은 사람이 '하고 싶은 일'을 직업에서 찾으려고 해요. 하지만 '무엇을 하고 싶은지'를 출발점으로 삼아야 미래를 준비하는 데 더 도움이 됩니다.

직업은 수단이지 목적이 아니다

"어떤 일을 하고 싶나요?"라는 질문을 받으면, 대부분 의사, 경찰관, 변호사, 아나운서, 엔지니어 같은 '직업 이름'을 말할 거예요. 그런데 사실 **직업은 내가 하고 싶은 일을 이루기 위한 수단이지 목적 그 자체는 아닙니다.** 예를 들어 의사가 되고 싶다면 안정된 수입을 바랄 수도 있고, 사람의 생명을 구하고 싶다고 생각할 수도 있고, 이 두 가지를 모두 바랄 수도 있어요.

물론 나중에는 구체적인 직업을 선택해야 해요. 하지만 그 전에 먼저 '무엇이 되고 싶은가'보다 **'무엇을 하고 싶은가' '어떤 소망을 이루고 싶은가'를 출발점으로 삼아 하고 싶은 일을** 생각해 보는 것이 좋습니다.

장래 희망이 회사원인 아이들이 많다?

교육부와 한국직업능력연구원이 발표한 〈2024 초중등 진로 교육 현황 조사〉에
따르면, 중학생과 고등학생은 '회사원'이 희망 직업 10위 안에 들었어요. 왜 그럴까요?
부모님 대부분이 회사원이어서 익숙하게 느껴지고, 코로나 팬데믹 시기에 부모님이
재택근무하는 모습을 자주 봤기 때문이라고 해요. 그런데 회사원은 말 그대로 '회사에
다니는 사람'을 뜻합니다. 같은 회사원이라 해도 업무 내용은 천차만별이죠.
회사원으로 일하는 부모님의 모습이 멋지다고 생각하는 것은 좋아요. 하지만 미래에
하고 싶은 일을 생각할 때는 회사원이 아닌, 자신이 '무엇을 하고 싶은지'에 초점을
맞추세요.

하고 싶은 것을 소중히 여기자

지금은 세상이 빠르게 변하고 있어요.
열심히 노력해서 원하는 직업을 가진다고
해도, 일의 내용이 바뀌거나 그 직업이
사라질 수도 있어요.
그러니 어떤 직업을 선망하는지가
아니라, 무엇을 하고 싶은지에 초점을
맞추세요. 내가 하고 싶은 일에 대한 강한
의지가 있다면, **미래를 결정하는 선택의
갈림길에서 큰 힘이 됩니다.**

하고 싶은지'가 중요하다

핑계보다 '해내는 방법'을 먼저 생각하자

**내가 할 수 없는 이유를 찾기는 쉬워요. 하지만
성장하기 위해서는 해내는 방법을 고민해야 합니다.**

안 하는 이유를 생각하기는 쉽다

어떤 일을 하려고 할 때 가장 큰 걸림돌은
'나는 당연히 못 할 거야'라는 생각이에요.
누구나 배우면 성장하고, 성장하면 결과를 낼
수 있습니다. 그런데도 '나는 머리가 나빠서'
'이미 늦었으니까' '집안 형편이 어려워서' 같은
이유를 핑계 삼아 포기해 버릴 때가 있죠.
안 하는 이유를 생각하기는 정말 쉽습니다.
세상에는 해 보지 않으면 모르는 일들이 아주
많아요. '하지만…' 하고 문제점을 이리저리
고민하는 것보다, 일단 몸을 움직여 시작하는
편이 더 빠를 때가 많죠.

'어떻게 하면 할 수
있을까'를 생각한다

A 눈앞에 닥친 일을 피하지
않고 잘 해낼 방법을
고민한다. 혹시 실패하더라도
그 경험을 살려 다음 한 수를
생각하면 된다.

못 하는 이유에 얽매인다

B '해 본 적 없으니까' '나에게는 재능이
없으니까'라며 모든 일을 부정적으로
생각한다. 잘 해낼 방법을 생각하지 않기
때문에 도전을 포기하거나 한 번의 실패로
쉽게 단념한다.

'어떻게 하면 해낼 수 있을까'를 먼저 생각한다

문제나 어려운 일이 생겼을 때는 '어떻게 하면 해낼 수 있을까'를 먼저 생각해 보세요. 이것이 무언가를 해내는 비결입니다.

예를 들어 어떤 일에 도전했는데 기대한 결과가 나오지 않았다고 해 볼까요?

이때 '왜 실패했을까?'만 생각하면 '나는 역시 재능이 없나 봐' 같은 핑계만 떠오르기 쉬워요. 그러면 결국 다시 도전하지 않는 이유로 바뀌어 버리죠.

하지만 '이 실패를 다음에 어떻게 활용할 수 있을까?' 하고 해내는 방법을 고민하면, 나의 약점을 파악하고 더 성장할 수 있어요.

'마음의 스승'이 될 사람을 찾아보자

방향을 정하지 않은 채 하고 싶은 일을 시작하면, 성과가 잘 나오지 않습니다. 먼저 마음의 스승을 찾아보세요.

'동경의 힘'을 나의 의욕으로 바꾼다

하고 싶은 일을 발견했다면, 일단 꾸준히 하는 것이 중요합니다. 하지만 **방향을 정하지 않고 무작정 시작하면 잘 안 될 때가 많아요.** 그럴 때는 **스승이 될 만한 사람을 찾아보세요.** '나도 저 사람처럼 되고 싶어' '저렇게 살아 보고 싶어'라는 생각이 들게 하는 사람이 있나요? 그 사람을 마음의 스승으로 삼아 동경의 힘을 나의 의욕으로 바꿔 나가 보세요.

동경하는 마음을 나아가는 힘으로

①단계 마음의 스승 찾기

생활 습관이나 행동을 철저하게 흉내 낸다

마음의 스승을 정했다면, 그 사람을 따라 해 보세요. 생각하는 방식과 말투뿐 아니라 **생활 습관, 행동까지 철저하게 흉내 내는 것**이 중요해요.

능력 있는 사람의 행동을 모방하면 실력을 키우는 데 필요한 기초가 완성됩니다. 그러면 언젠가 자기만의 방식을 찾게 되고, 그것이 곧 개성이 돼요.

만일 주변에 존경할 만한 사람이 없다면, **바깥세상에서 찾아보는 것**도 좋습니다.

역사 속 인물이나 좋아하는 스포츠 선수의 삶을 알아보는 것도 괜찮아요. 요즘은 SNS 같은 미디어로 훌륭한 사람의 생각을 쉽게 배울 수 있죠.

구석구석 체크해서 흉내 내기

②단계 분석해서 흉내 내기

직접 이야기를 듣고 같은 방법을 시도해 보기

알아 두기!!

여러분이 동경하는 사람은?

2023년 일본 생명보험회사 다이이치 생명의 '어른이 되면 하고 싶은 일' 조사에 따르면, 초등학생부터 고등학생 대부분이 동경하는 사람으로 '아버지와 어머니'를 선택했어요. '학교 친구나 선배'를 동경하는 학생들은 그들의 행동이나 동아리 활동, 공부하는 자세 등을 이유로 꼽았죠.
여러분이 동경하는 사람은 누구인가요?

동경하는 사람은 누구인가요?

	초등학교 남학생	초등학교 여학생
1위	아버지, 어머니	아버지, 어머니
2위	프로 스포츠 선수	학교 친구, 선배
3위	인플루언서, 유튜버	학교 선생님
4위	학원 선생님, 코치	연예인, 유명 인사
5위	학교 친구, 선배	학원 선생님, 코치

출처: 다이이치생명, 34회 '어른이 되면 하고 싶은 일' 조사

길이 막히면 돌아가도 된다

지금 하는 일이 목표를 향해
곧장 나아가는 것처럼 보이지
않아도 괜찮아요. 때로는
돌아가야 할 때도 있답니다.

일직선이 반드시 최단 거리는 아니다

우리는 주변에서 "곧장 목표를 향해 가야 해"
"현실적으로 생각해"라는 말을 자주 듣습니다.
이 말들이 맞는 것처럼 들릴 수도 있어요.
많은 사람이 **일직선으로 나아가야 목표나 꿈,
성공에 도달할 수 있다**고 생각하고, 그 길에서
조금이라도 벗어나면 비효율적이라고 여기기
때문이죠.
하지만 때로는 **잠시 샛길로 빠지는 것이 오히려
가장 빠른 길**이 될 수도 있어요. 항상 목적지를
향해 곧장 나아가야만 하는 것은 아닙니다.

① 실패를 경험으로 바꾸기

과거의 실패를 후회하며 낙담하지 않고,
실패를 반성하며 다음 기회에 활용할
경험으로 삼는다.

② 멈춰 서서 생각하기

'내가 바라는 나'를 향해 나아가고 있는지,
방향이 틀리지 않았는지 멈춰 서서
생각해 본다. 아니라고 느낄 때는 궤도를
수정하면 된다.

③ 잠시 쉬기

목표를 향해 일직선으로
달려가는 것이 아니라, 때로는
몸과 마음을 쉬게 해 주자.

④ 막히면 다른 길로 가 보기

내가 가려던 길이 막혔다면,
멈추지 말고 샛길로 빠져 보자.
그곳에서 생각지도 못한 길이
열릴 수도 있다.

때로는 멈춰 서서
생각해 본다

무언가 막혔다고 느껴질 때는 잠시 멈춰
서 보세요.

과거를 돌아보며 반성하고, 그 경험을
다음에 활용하기 위해 다시 걷기 시작해도
좋습니다. **후회하며 좌절하는 대신,
실패를 성장하기 위한 반성의 재료로
삼는 것**이죠.

'피곤해' '쉬고 싶어'라는 생각이 들 때는
충분한 휴식도 꼭 필요해요. 몸과 마음을
재충전해야 계속 걸을 수 있는 에너지가
생깁니다.

또 '이제 어떻게 하면 좋을까?'라고
고민하면서 잠시 옆길로 빠져도 괜찮아요.
**그 길에서 내가 몰랐던 세계나 새로운
나를 발견할지도 모릅니다.**

하고 싶은 것은 꾸준히 파고들자

무언가를 자꾸 해 보면, 점점 경험치가 늘어요.
그러면 반드시 목표에 가까워질 수 있습니다.

능숙함보다는 꾸준함

누구나 무언가를 시작해서 꾸준히 하다 보면, 노력한 만큼 성장합니다. 반대로 **아무리 뛰어난 사람이라도 꾸준히 노력하지 않으면 성장하지 못해요.**

무언가를 진짜 잘하게 되려면 오랜 시간이 필요해요. 그러니 **능숙함보다는 꾸준함에 초점**을 맞추세요. 한 걸음 내디디면 그만큼 목표에 가까워집니다. 이리저리 고민하면서 앞으로 나아가다 보면, 언젠가는 목표에 도달할 수 있어요. 중요한 점은 '계속 앞으로 나아갈 수 있는가'입니다.

흔히 말하듯 '지속은 힘'이에요. 남들이 뭐라 하든 꾸준히 노력해서 결과를 내는 사람이 결국 능력 있는 사람, 재능 있는 사람으로 평가받습니다.

프로 장기 기사 A

할아버지에게 장기를 배운 뒤 푹 빠져들었다. 장기 교실에 다니며 대국을 거듭한 끝에 프로 기사가 되었다.

고생물학자 B

어릴 때부터 공룡을 좋아했다. 도감을 찾아보고 박물관에서 골격 표본을 관찰하는 등 지식을 쌓아 갔다. 고생물학을 배울 수 있는 대학, 대학원에 진학해 공룡 연구자가 되었다.

프로 댄서 C

초등학생 때 춤의 즐거움을 알게 되었다. 중학교에서 재즈 댄스를 시작해 전문학교를 거쳐 프로 댄서의 길로 들어섰다.

지금에 만족하지 않고 '한 걸음 더'에 집중한다

프로 기사, 연구자, 프로 댄서, 만화가 등 **어떤 분야에서 "대단하다" "잘한다"라고 평가받는 사람들을 보면 한 가지 공통점이 있어요. 바로 꾸준히 파고들었다는** 점입니다.

그들은 지금 모습에 만족하지 않고 '한 걸음 더'에 집중했어요. 그렇게 하다 보니 점점 더 수준이 높아진 것이죠.

노력한 만큼 반드시 보상받는 것은 아니다

인생은 생각대로 흘러가지 않아요. 노력이 보상받지 못하더라도, 꿈이 이뤄지지 않더라도 그 과정은 절대로 헛된 것이 아닙니다.

모든 것이 내 뜻대로 되지는 않는다

"노력은 반드시 보상받는다" "꿈은 꼭 이뤄진다"라는 말을 자주 듣습니다. 물론 꿈을 이루기 위해서는 꾸준한 노력과 믿음이 필요해요.

하지만 **노력이 반드시 보상받는 것은 아니며, 이뤄지지 않는 꿈도 있습니다.** 조금 잔혹하게 들릴 수도 있지만, 그것이 현실이에요. 살다 보면 모든 일이 내가 바라는 대로 이뤄지지 않아요. 노력이 열매를 맺을 때도 있지만, 노력했음에도 성과가 없을 때도 있죠. 능력을 인정받는 때가 있는가 하면 인정받지 못할 때도 있어요.

모든 것이 내 뜻대로 되지는 않습니다.

노력하는 것 자체에
의미가 있다

현실이 이렇다고 해서 '노력해도
소용없어'라고 생각하지는 마세요.
여러분이 해야 할 일은 **뜻대로 되지
않는 삶 속에서도 꿋꿋하게 살아가는
힘을 키우는 것**입니다.

노력이 보상받지 못하더라도, 꿈이
이뤄지지 않더라도, 꿈을 찾고 그 꿈을
향해 노력하는 것 자체에 의미가 있어요.
헛된 노력은 없습니다. **그 과정이 나를
성장하게 하고, 인생을 더 풍요롭게
만들어 주죠.**

꿈을 이루면 끝이 아니다

꿈을 이루면 큰 성취감과 행복을 느끼게 됩니다. 하지만 꿈의 실현은 '새로운 꿈의
시작'이기도 해요. 꿈을 이룬 사람 대부분은 그 뒤에 또 다른 꿈을 정하고 다시
나아갑니다. 꿈을 이루면 거기서 끝이 아니에요.
하나의 꿈을 포기한 경우도 마찬가지입니다. 꿈의 끝은 새로운 꿈의 시작이에요.
'포기'라는 말은 부정적으로 들릴 수도 있지만, '이건 힘들겠어'라며 깨끗이 포기하고
새로운 목표를 정하는 것은 결코 후퇴가 아닙니다.

가까운 미래보다 먼 미래를 내다보자

여러분은 아직 인생을 길게 보는 것이 어려울 수 있습니다. 그래도 가까운 미래가 아닌 먼 미래를 생각해 보세요.

인생 전체를 생각해 보자

하고 싶은 일을 떠올릴 때는 보통 현재의 자신이나 환경만 보고 생각하기 쉬워요. 하지만 현재만 보지 말고, **인생 전체를 생각**해 보는 것이 중요합니다.

'나는 앞으로 어떻게 살고 싶을까?'라고 질문해 보세요. 이것은 가까운 미래뿐만 아니라 10년 뒤, 20년 뒤, 그보다 더 먼 미래의 **내가 바라는 나를 상상하고, 그 목표를 향해 어떻게 행동해야 할지를 고민**하는 일입니다.

예를 들어 좋은 대학에 들어가는 것이 최종 꿈이라면, 대학에 합격한 순간 꿈은 끝나 버려요. 그렇다고 반드시 행복해지리란 보장도 없죠. 그러니 조금 더 길게 인생을 생각해 보세요.

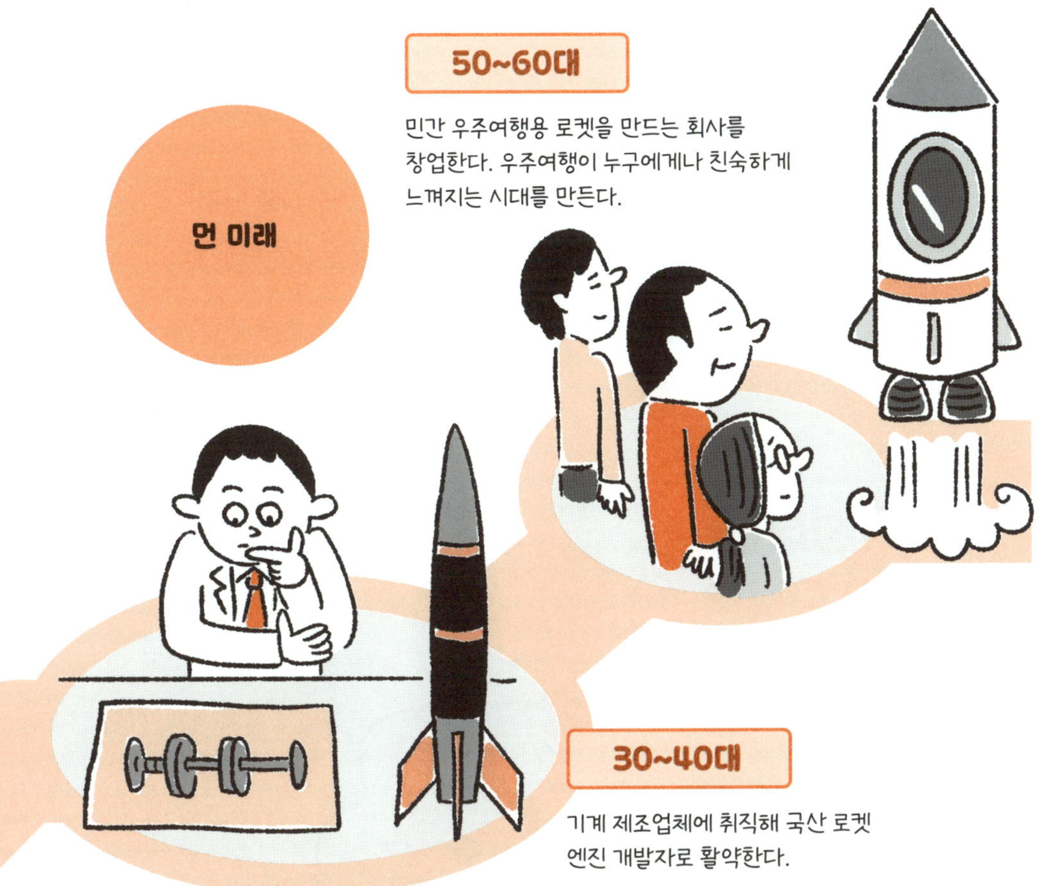

나의 미래를 구체적으로 그려 보자

우리가 사는 세상은 빠르게 변하고 있습니다. 지금 당연하게 느껴지는 것들이 10년, 20년 뒤에는 어떻게 될지 누구도 정확히 예측할 수 없어요. 그럼에도 미래를 중심으로 현재를 생각하는 상상력은 **나의 인생을 더 나은 방향으로 이끌어 가는 데 필요한 힘**입니다.

이렇게 질문해 보세요. '미래의 나와 지금의 나 사이에 부족한 것은 무엇일까?' '어떻게 해야 꿈에 다가갈 수 있을까?' 시행착오를 거치며 나아가다 보면, 꿈과 현실 사이의 거리는 조금씩 가까워질 거예요.

인생에서 나에게 정말 소중한 것

나는 어떻게 살고 싶은지, 무엇이 나를 행복하게 만드는지를 아는 것은 하고 싶은 일을 생각하는 출발점이 됩니다.

행복의 형태는 사람마다 다르다

여러분은 언제 행복하다고 느끼나요?

행복은 내 마음이 결정하는 것입니다. **행복의 형태는 사람마다 달라요.** 한 사람에게 단 하나만 있는 것도 아닙니다. 공통점이 있다면, 스스로 결정한 '인생에서 가장 중요한 것을 할 수

있는 순간'이겠죠.

여러분이 장래에 하고 싶은 일을 고민할 때도 **'나에게 행복이란 무엇인지'** **'무엇을 소중히 여기며 살아가고 싶은지'**를 함께 떠올려 보세요. 사회적 지위가 높다, 재산이 많다, 성공했다…. 이런 것들은 시간이 지나면 사라질 수도 있어요. 인생의 큰 가치는 '내가 살아 있는 것이 즐겁다고 느낄 수 있는가'입니다.

'나만의 기준'을 가지면 이겨 낼 수 있다

여러분은 앞으로의 인생에서 '어떻게 살아갈 것인가'를 스스로에게 끊임없이 물어야 해요. 중요한 것은 **다른 사람과 비교하지 않고 오직 자신의 마음에 집중하는 자세**입니다. '나는 이럴 때 행복하다'라는 기준이 있으면, 힘들거나 괴로운 일이 있어도 이겨 낼 수 있어요. 그리고 정말 즐겁다고 느끼는 인생을 살 수 있게 되죠.

남녀 차별이 없는 사회를 만들기 위해

한국에서는 남성과 여성의 임금 차이가 꽤 큽니다. 세계적으로 성평등이
중요해지는 지금, 한국도 이런 차이를 줄이기 위해 변해야 해요.

한국 여성의 임금은 왜 남성보다 낮을까?

한국은 세계에서도 남녀 임금 차이가 큰 나라로 알려져 있어요. 통계청의 보고서에 따르면, 2022년 기준 한국 여성의 임금은 남성보다 31.2%나 낮습니다. 경제협력개발기구OECD 회원국 평균인 12.1%와 비교해도 차이가 크죠. 한국에서는 왜 이토록 남녀 임금 차이가 클까요?

1987년 한국에는 남녀고용평등법이 생겼습니다. 법적으로는 남성과 여성이 직업을 선택하는 데 차별이 없어졌어요. 하지만 실제로는 남성이 중요한 일을 맡고, 여성이 보조 역할을 하는 경우가 많았죠.

남자는 밖에서 일하고, 여자는 집안일과 육아를 맡는다는 생각도 아직 뿌리 깊게 남아 있어요. 2024년 국회미래연구원이 발표한 보고서에 따르면, 남성이 집안일과 육아를 맡는 비율은 스웨덴이 43.7%, 미국이 38%인데 비해, 한국은 18.6%로 그 절반이 되지 않습니다.

또 여성은 결혼이나 출산 때문에 일을 잠시 쉬거나 아예 그만두는 경우가 많아요. 한 번 퇴직하면 다시 정규직으로 취업하기 어렵다는 점도 문제입니다.

이처럼 성별에 따라 업무나 역할이 정해지면서 남녀의 임금 차이가 생겼어요.

사회가 만든 '~다움'이라는 고정관념

여러분은 '젠더gender'라는 말을 들어 본 적 있나요? 이 단어는 '남자는 이래야 한다' '여자는 이렇게 해야 한다'와 같이 사회나 문화가 만들어 낸 남녀의 역할이나 성격을 뜻해요. 하지만 이런 역할이나 '~다움'은 사실 사회가 마음대로 정해 놓은 고정관념일 뿐입니다.

지금 세계는 남성과 여성 모두가 동등하게 활약하는 사회를 원하고 있어요.

직장뿐 아니라 가정에서도 성별로 역할을 나누는 생각이 없어져야, 남녀 차이도 점점 줄어들 수 있죠. 그런 사회를 만드는 역할은 여러분에게도 있습니다. 이 문제를 어떻게 해결할 수 있을지 함께 고민해 봐요.

4

'배움'이 나의 가능성을 넓혀 준다

내가 성장할 수 있는 배움을 이어 가자

여러분이 학교에서 하는 공부는 집을 지을
때 필요한 기초나 토대와 같아요.

공부는 시험이나 입시를 위한 것일까?

여러분은 공부를 좋아하나요? 초중등 교육
기업 '아이스크림에듀'가 2022년 초등학생
4320명을 대상으로 조사한 결과, 공부를
좋아한다고 답한 학생은 44%였어요. **학년이
올라갈수록 공부를 좋아하는 학생보다 싫어하는 학생이
더 많아지는 경향**을 보였죠.

교과 내용이 어려워지고 정기 고사나 입시를 대비해
공부하다 보면, 공부가 '지식을 얻어 즐거운 것'에서
'힘들어도 해야만 하는 것'으로 바뀌는 거예요.
물론 시험에서 좋은 점수를 받고, 원하는 학교에
진학하기 위해 공부하는 것도 맞습니다. 하지만
공부의 의미는 그뿐만이 아니에요.

학교에서 배운 것은 평생 도움이 된다

지금은 실감하기 힘들겠지만, 여러분이 **학교에서 배우는 것들은 앞으로 살아가는 데 중요한 자양분이 됩니다.** 하고 싶은 일과 직접 관련이 없어 보이는 공부도 쓸모가 있죠. **산다는 것은 끊임없이 배우는 것**이기도 합니다. 평생 도움이 되는 '배우는 힘'을 기르도록 해요.

우리는 왜 학교에 다닐까?

학교는 여러분이 언젠가 발을 내딛게 될 사회의 축소판입니다. 공부뿐만 아니라 살아가는 데 필요한 다양한 힘도 함께 길러 보세요.

학교는 지식만 배우는 곳이 아니다

여러분은 왜 학교에 다닌다고 생각하나요? '미래를 대비해 공부하기 위해서'라는 이유도 맞는 말입니다. 하지만 공부만 한다면 학원이나 집에서도 얼마든지 할 수 있죠. 그럼에도 학교에 가는 이유는 다른 사람과 어울리는 법을 배워 **사회에서 살아가는 힘을 기를 수 있기 때문**이에요.

우리는 학교에서도, 어른이 된 뒤의 사회에서도 혼자 살아갈 수 없습니다. 서로 돕고 의지하면서 함께 지내고 함께 일해야 해요. 학교에서 친구들과 협력하며 활동하거나 역할을 정해 무언가를 해내는 것은 **사회생활을 미리 해 보는 모의 체험**인 셈입니다.

또 한 가지 중요한 학교의 역할은 **사회의 혹독함을 미리 배울 수 있다**는 점이에요. 학교에서는 규칙을 지키며 행동해야 합니다. 학교생활을 하다 보면 마음대로 되지 않는 일도 있고, 충분히 능력을 발휘하지 못하는 경우도 많죠. 하지만 이런 경험이 쌓이면 앞으로의 인생에 필요한 **인내심과 정신력, 약점을 극복하는 힘을 기를 수 있어요.**

평생 도움이 되는 '배우는 힘'을 기르자

'배움'은 학교를 졸업하고 사회에 나가서도 계속됩니다. 평생 배우는 힘을 지금부터 차곡차곡 길러 나가세요.

인생의 배움은 학교에서 끝나지 않는다

여러분은 학교를 졸업하고 사회에 나가면 공부에서 해방된다고 생각할지도 모르겠어요. 하지만 **살아 있는 한 배움은 계속됩니다.** 배움이 끝나면 나의 성장도 거기서 멈춰 버리죠.

일본어의 '공부勉強'는 한자에서 보듯이 '노력해서 무언가를 하다'라는 뜻을 담고 있습니다. 그렇게 생각하면, **인생은 공부=배움의 연속**이에요.

학생은 진학이나 취업을 위해 공부합니다. 사회에 나가서도 일을 배우거나 자격증을 따기 위해 공부하죠. 퇴직한 뒤에 다시 공부하려는 사람도 많아요.

여러분은 무엇을 위해 공부하고 싶은가요?

2022년 일본 도쿄대학교 사회과학연구소와 베네세 교육종합연구소의 조사에 따르면, 초등학교 고학년이 공부하는 이유 1위는 '새로운 것을 배우는 게 즐거워서'였고, 중학생의 1위는 '희망하는 고등학교나 대학에 진학하고 싶어서'였어요. 어릴 때는 순수하게 공부가 재미있다고 생각하지만, 나이가 들면서 공부가 '진학을 위해 하는 것'으로 바뀌는 것입니다.

여러분이 공부하는 이유는?

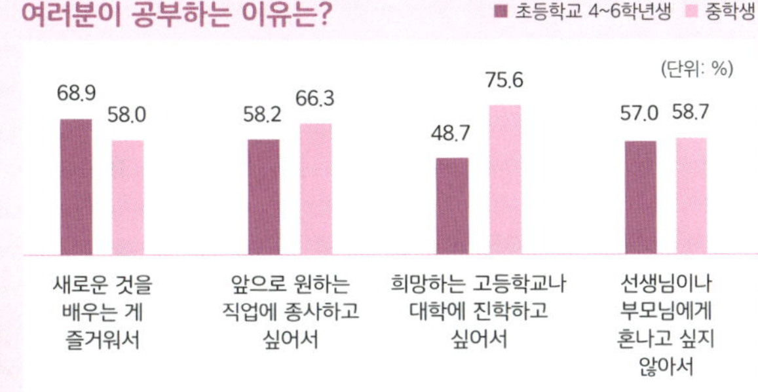

출처: 도쿄대학교 사회과학연구소·베네세 교육종합연구소, 〈아이의 생활과 학습에 관한 부모·자녀 조사〉(2022년)

초등학교와 중학교에서 배우는 힘의 기초를 다진다

배움을 시작하는 원동력은 '왜?'라는 호기심이에요. 그리고 배움을 계속하게 해 주는 힘은 '더 알고 싶다'는 탐구심입니다. 매일 공부하면서 몰랐던 것을 알게 되면, 이 세상에 내가 모르는 것이 얼마나 많은지 깨닫게 되죠. **초등학교와 중학교는 기나긴 인생에서 필요한 '배우는 힘'의 기초를 다지는 곳입니다.** 그러니 조금 힘들더라도 지금은 열심히 공부하는 것이 중요해요.

쓸모없는 공부는 없다

지금 여러분이 학교에서 배우는 내용은 당장 도움이 안 될 수도 있어요. 하지만 어떤 공부든 쓸모없는 것은 없습니다.

모든 과목에는 배워야 할 이유가 있다

학교에서는 국어, 수학, 과학, 사회, 영어 등 다양한 과목을 배웁니다. 외워야 할 것이 많아서 '이런 걸 공부한다고 나중에 무슨 도움이 될까?' '이 방정식은 실생활에서 쓸 일이 없잖아'라는 의문이 들 수도 있어요. 하지만 **모든 학교 공부에는 배우는 의미가 있습니다.**

예를 들어 국어를 배우면 **읽기 능력과 쓰기 능력, 말하기 능력**을 기를 수 있어요. 이 능력은 어른이 된 뒤에도 꼭 필요해요. 수학을 배우면 계산 능력뿐만 아니라 **논리적으로 생각하는 능력, 문제를 해결하는 능력**을 기를 수 있습니다. 과학은 우리 주변에서 일어나는 다양한 현상과 연결되어 있어요. 사회는 과거와 현재, 미래까지 세상의 구조를 이해하게 해 주죠.

대화하는 능력과 읽고 쓰는 능력, 글의 내용을 이해하는 독해력을 기를 수 있다. 모든 학력의 기초가 된다.

우리 주변에서 일어나는 여러 현상에 관한 학문이다. '왜?'라는 의문을 해결하는 힘을 기를 수 있다.

단순히 계산하는 능력뿐 아니라 논리적 사고력을 기를 수 있다.

어른이 된 후에 도움이 된 공부는?

어른들은 학교에서 배운 과목 중 어느 것이 가장 도움이 된다고 생각할까요? 일본 뉴스 사이트 'Sirabee'에서 18세 이상 남녀를 대상으로 한 조사에 따르면, 1위는 국어, 2위는 영어, 3위는 수학이었어요. 실생활에서 유용하다고 많이 느끼는 과목들이죠.

어른이 된 후 가장 도움이 된다고 생각하는 과목

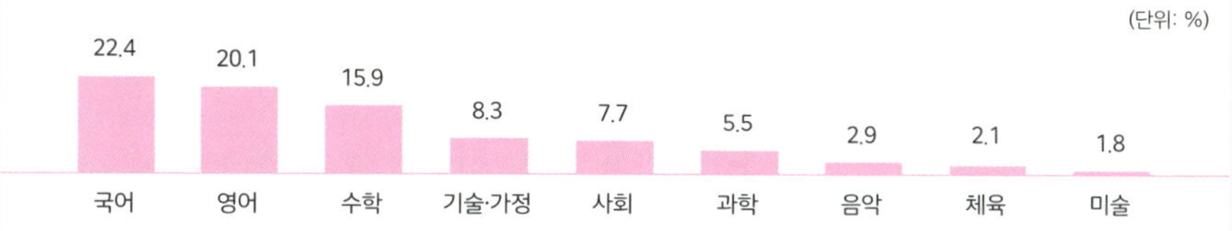

출처: 'Sirabee' 조사(2020년)

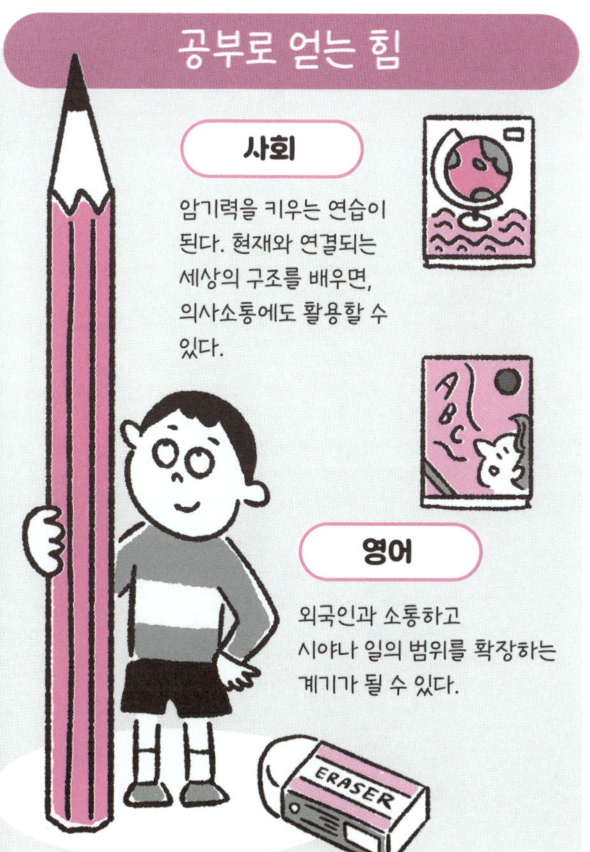

공부는 삶을 풍요롭게 해 준다

특히 초등학교와 중학교의 의무 교육에서 배우는 내용은 **여러분이 살아가는 데 중요한 기초**가 됩니다. 모든 과목을 열심히 공부해서 확실히 내 것으로 만드세요. 가능하다면 고등학교까지 배우는 내용을 한 번쯤 공부해 두는 것이 좋습니다. **쓸모없는 공부란 없어요.** 당장 도움이 되지 않더라도 언젠가 여러분의 삶을 풍요롭게 만들어 줄 것입니다.

4★4

하고 싶은 일을 바탕으로 생각하기

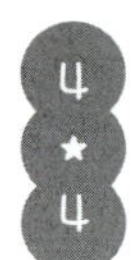

중학교를 졸업한 뒤의 진로는 스스로 결정해야 합니다.
꿈에 다가가는 길을 만들어 보세요.

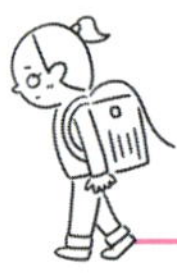

진로 선택에는 여러 가지 길이 있다

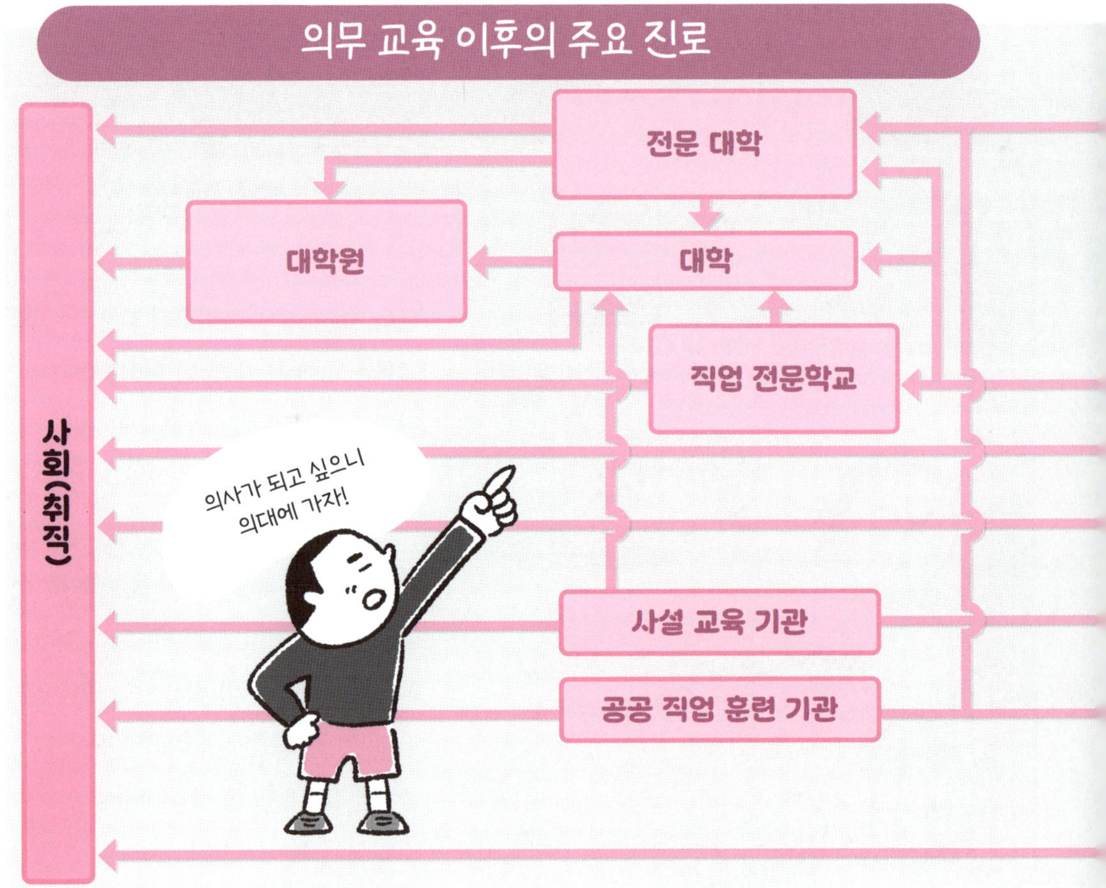
의무 교육 이후의 주요 진로
전문 대학
대학원
대학
직업 전문학교
사회(취직)
의사가 되고 싶으니 의대에 가자!
사설 교육 기관
공공 직업 훈련 기관

하고 싶은 일을 정했다면, 어떤 길을 걸어야 할지 거꾸로 생각해 보는 것이 중요해요.

초등학교와 중학교 총 9년은 의무 교육입니다. 하지만 **중학교를 졸업하고 나면 각자 자신이 원하는 길을 걷게 되죠.**

예를 들어 고등학교에 진학한 다음, 대학에 들어가 관심 있는 분야를 더 깊이 공부해 취업할 수도 있어요. 직업 전문학교에 가서 취업에 필요한 지식과 기술을 익힐 수도 있죠. 이처럼 선택지는 아주 다양해요.

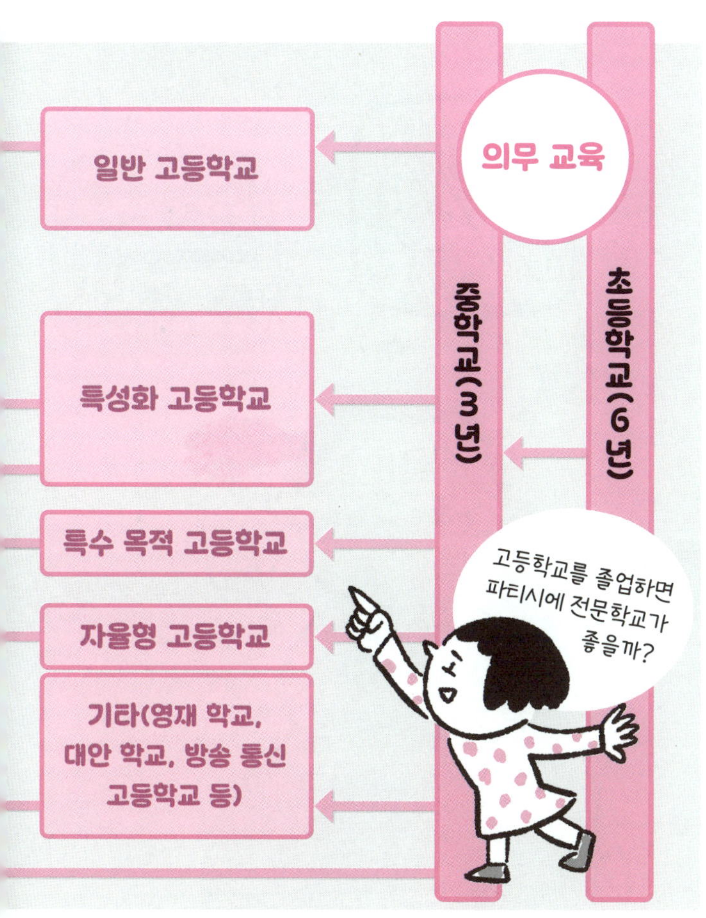

스스로 정보를 모아 두자

사실 초등학교나 중학교 때 하고 싶은 일을 뚜렷하게 정한 사람은 많지 않아요. 자신의 강점과 약점을 안다고 해도, **그것을 진로와 연결 짓기는 어렵죠.**

그렇다고 아무것도 하지 않은 채 배우고 싶은 것이 하늘에서 뚝 떨어지기만을 기다려야 할까요? 그렇지 않습니다.

내가 바라는 내 모습에 가까워지기 위해 무엇이 필요한지, 세상에는 어떤 학문과 직업이 있는지 자신과 마주하며 스스로 정보를 수집해 보세요. 그러다 보면 분명 재미있어 보이고, 더 배우고 싶은 것이 나올 거예요. 그것이 **나의 진로를 선택하는 실마리가 됩니다.**

명문 학교 입학이 꿈을 이루는 지름길?

어떤 학교에 진학할지 고민된다면,
내가 후회하지 않을 선택이
무엇인지, 내가 열심히 할 수 있는
길은 어느 쪽인지를 생각해 보세요.

진로가 고민되면 스스로에게 물어보자

고등학교나 대학교에 진학할 때, 여러분은
어떤 학교에 가고 싶나요? 부모님이나
선생님이 추천하는 명문 학교인가요?
아니면 내 꿈과 연결되는 학교인가요?
취업에 유리하다는 이유로 안전한 다리를
건너는 것도 훌륭한 선택입니다. 하지만
**하고 싶은 일이 뚜렷한데 관심 없는 길을
억지로 가게 된다면, 나중에 후회할 수도
있어요.**
진로를 고민할 때는 스스로에게 **"한
번뿐인 인생, 어느 길로 가고 싶어?"**라고
물어보세요. 그러면 자연스레 답이 떠오를
거예요.

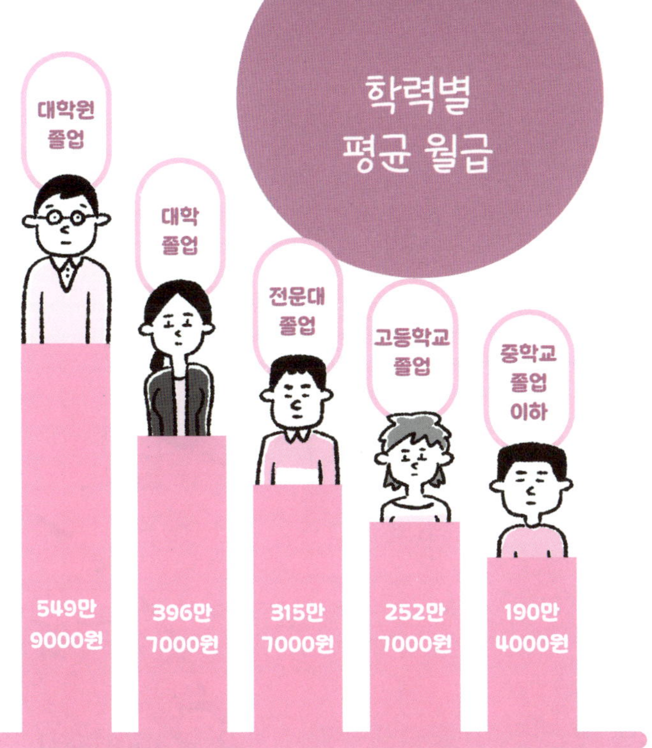

출처: 통계청, 〈학력별 임금 및 근로 시간〉(2023년)

학력과 월급 차이

학력에 따라 받는 월급이 달라져요.
고용노동부의 〈고용 형태별 근로 실태 조사〉에 따르면,
2023년 기준으로 고등학교를 졸업한 사람의 평균
월급을 100으로 했을 때 중학교 졸업 이하는 75.8%에
그쳤습니다. 그에 비해 대학교를 졸업한 사람은
117.8%, 대학교 졸업 이상인 사람은 156.4%였어요.
예를 들어 고등학교를 졸업한 사람의 월급이 200만
원이라면 중학교 졸업 이하는 151만 6000원, 대학교를
졸업한 사람은 235만 6000원, 대학교 졸업 이상인
사람은 312만 8000원의 월급을 받는다는 뜻입니다.

하고 싶은 일이 아직 없다면, 일단 진학하는 것도 좋다

지금은 하고 싶은 공부가 없어서, 꿈이나 목표가 없어서 진학할 필요가 없다고 생각할 수도 있어요. 하지만 그런 사람일수록 진학은 좋은 선택이 될 수 있습니다. 물론 학력이 인생의 전부는 아니지만 **학력이 높을수록 수입이 많아진다**는 조사 결과도 있죠.
학력은 '출세하기 위해서' '돈을 벌기 위해서'가 아니라, 인생에서 선택의 폭을 넓히기 위해 필요해요. 진학한 곳에서 하고 싶은 일을 발견할 수도 있고, 다양한 경험을 하면서 **자신의 역량을 키워 두면 사회에 나갔을 때 큰 힘이 됩니다.**

외국어 공부를
하면 좋은 점

외국어는 어릴 때부터 배우는 것이
좋다고 합니다. 관심이 있다면 그
세계로 뛰어들어 보세요.

소통할 수 있는 사람이
20배 가까이 증가?

지구에는 80억 명이 넘는 사람들이 살고 있어요. 그중 한국어를
쓰는 사람은 약 8000만 명이고, 영어를 쓰는 사람은 약 14억
6000명입니다.

즉, 영어를 할 수 있게 되면 **한국어만 할 때보다 20배 가까이 더
많은 사람과 소통할 가능성이 열린다**는 뜻이에요.

외국어를 배우면 해외에서 일할 수 있는 것^(p.178) 외에도

(p.178)

장점이 있어요.

예를 들어 **인터넷에서 사용되는 언어의 49.4%는
영어**라고 합니다. 한국어는 0.8%밖에 안 된다고 해요.

따라서 외국어를 배우면 인터넷 정보뿐만 아니라, 외국어
신문이나 책에서도 새로운 지식을 얻을 수 있습니다. 또
배운 언어를 사용해 내가 직접 정보를 보낼 수도 있게 되죠.

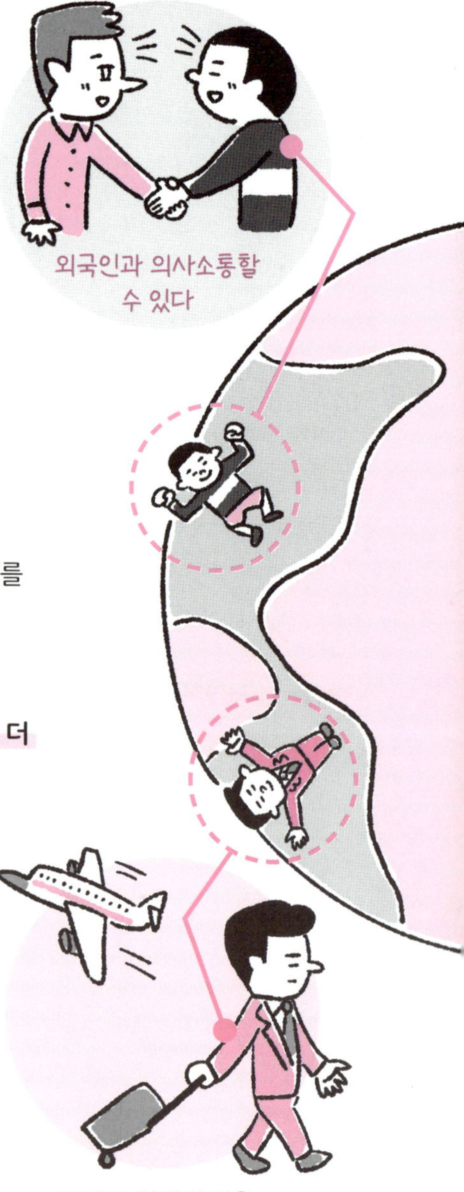

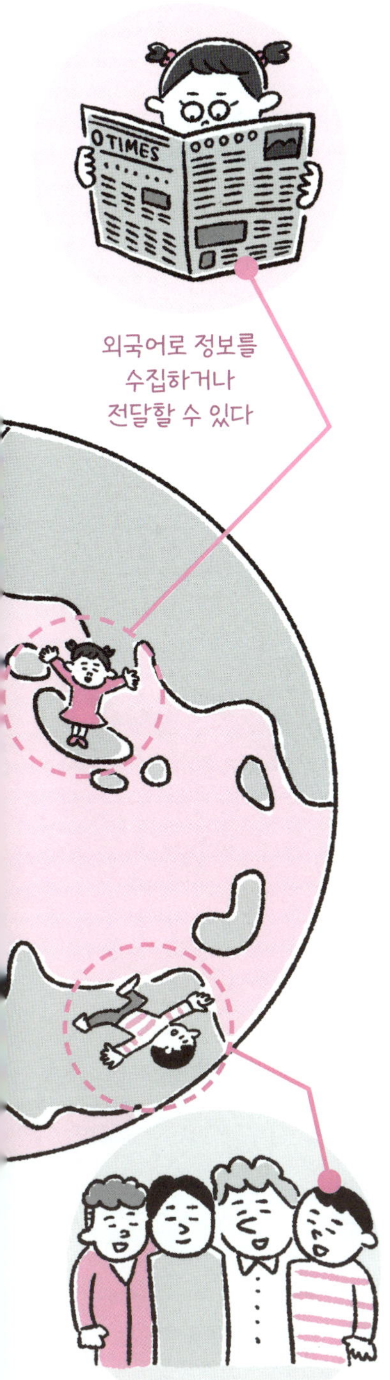

외국어로 정보를
수집하거나
전달할 수 있다

다양한 가치관을 접하며
시야가 넓어진다

세계에서 많이 쓰이는 언어는?

전 세계에는 약 7000개의 언어가 있어요. 그중 가장 많이 사용되는 언어는 영어이고, 중국어와 힌디어가 차례로 그 뒤를 잇고 있죠.

우리나라 의무 교육에서는 주로 영어를 배우지만, 일부 고등학교나 대학교에서는 영어 이외의 외국어도 배울 수 있습니다.

외국어 학습은 영어만을 뜻하는 것이 아니에요. 자신이 관심 있는 언어를 골라서 배워 보세요.

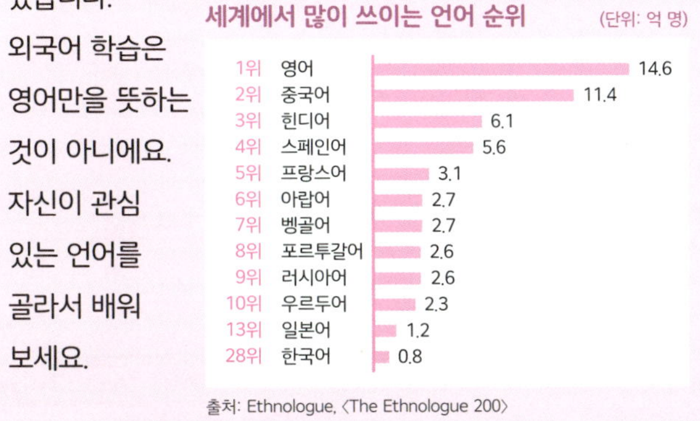

세계에서 많이 쓰이는 언어 순위 (단위: 억 명)

순위	언어	
1위	영어	14.6
2위	중국어	11.4
3위	힌디어	6.1
4위	스페인어	5.6
5위	프랑스어	3.1
6위	아랍어	2.7
7위	벵골어	2.7
8위	포르투갈어	2.6
9위	러시아어	2.6
10위	우르두어	2.3
13위	일본어	1.2
28위	한국어	0.8

출처: Ethnologue, 〈The Ethnologue 200〉

기술이 발전해도 언어는 여전히 중요하다

요즘은 인공지능 같은 기술 덕분에 외국어 기사를 순식간에 한국어로 번역하거나 대화를 실시간으로 자동 번역하는 시대가 되었어요. 하지만 그렇다고 해서 **외국어 공부가 중요하지 않은 것은 아닙니다.**

세계에서는 영어 외에도 중국어, 일본어, 스페인어, 프랑스어 등 다양한 언어가 사용되고 있어요. 되도록 빨리 언어의 세계에 뛰어들어 보세요.

학교 밖에도 배움터는 있다

지금 다니는 학교가 나와 잘 맞지 않는다면, 내가
빛을 발할 수 있는 다른 곳을 찾아보는 것도 하나의
방법이에요.

학교가 바뀌면 환경과 가치관도 달라진다

매일 학교와 집만 왔다 갔다 하다
보면, 다른 바깥세상이 있다는 것을
모를 수도 있어요. 그래서 지금 다니는
학교가 나와 맞지 않을 때 스스로를
탓할 수 있죠.
하지만 **여러분이 살아가는 세상은
학교나 학급 안이 전부가 아닙니다.**
만약 지금 환경이 힘들다면, 자신이
빛날 수 있는 다른 곳을 찾아보는 것도
괜찮아요.
예를 들어 지금 다니는 중학교가

지금 다니는 학교에 잘 적응하지 못했더라도 괜찮다. 진학하면
새로운 환경과 인간관계를 만난다. 나답게 빛날 수 있는 장소는
더 앞에서 기다리고 있을지도 모른다.

나와 맞지 않아 힘들더라도,
고등학교에 가면 인간관계가
새로워지고 **지금과는 다른 환경과
가치관 속에서 배울 수 있습니다.**
학원이나 취미 활동으로 나만의
재능을 키울 수도 있죠.

'학교에 가지 않는'
선택지도 있다

여러 이유로 학교에 가기 싫거나
가기 힘들 수도 있어요. 그럴 때는
**무리해서 학교에 가지 않아도
괜찮습니다.**
다만, 공부를 완전히 그만두는
것은 추천하지 않아요. 요즘은
다양한 형태의 배움터가 많거든요.
예를 들어 **독자적인 교육
방식으로 운영되는 대안 학교도**
있고, 방송 통신 학교를 선택할
수도 있죠.
나에게 어떤 곳이 잘 맞을지,
부모님과 충분히 상의해 보세요.

답이 없는 질문에 맞서는 힘을 기르자

학교에서는 정답이 있는 문제를 많이 풀어요.
하지만 어른이 되어 사회에 나가면, 정답이 없는
질문과 마주하게 됩니다.

학생과 사회인에게 필요한 능력은 다르다

'똑똑한 사람' 하면 어떤 사람이 떠오르나요? 학생 때는 계산이
빠르고 문제를 많이 풀 수 있고 시험 점수가 좋은, 이른바 '공부
잘하는 사람'을 똑똑하다고 생각하기 쉽습니다.
학교에서는 그럴 수도 있죠. 하지만 **사회에서 공부
잘하는 것이 평가의 기준이 되는 일은 거의 없어요.**
일하는 데 필요한 것은 점수를 따는 능력이 아니라
문제나 과제를 해결하는 능력,
스스로 움직여 일을 처리하는
주체성, 팀 안에서 협력하며
자신의 역할과 책임을 다하는
팀워크 능력입니다.

평가받는 것은…

시험 점수	학교에서의 생활 태도	성적 통지표
중간·기말고사나 입시에서 받는 점수	교칙 등 규칙을 지키는 것	학교 성적표와 내신 등급 점수

인생에는 정답이 없는 질문이 더 많다

초등학교에서 고등학교까지 마주하는 문제는 정답이 하나인 경우가 많아요. 반면 사회에 나간 뒤의 인생에서는 정답이 하나인 경우가 없습니다. 오히려 **정답이 없는 질문이 더 많죠.**

무엇이 옳은 답인지를 손쉬운 방법으로 찾으려 들면, 모든 일에 정답이 있다고 믿게 돼요. 그러면 다른 여러 가능성을 떠올리는 상상력이 나오지 않습니다.

정답 없는 질문에 맞서 시행착오를 겪으며 나만의 결론을 끌어내 보세요. 이런 과정을 반복하면, 어른이 된 뒤에도 잘 살아갈 수 있는 똑똑함이 길러집니다.

요구되는 것은…

문제 해결 능력
다양한 과제나 문제를 해결하는 능력

주체성
적극적으로 일을 처리하는 태도와 끊임없이 배우고자 하는 능력

팀워크 능력
팀 안에서 협력하며 자신의 역할과 책임을 다하는 능력

책과 신문을 읽으며 독해력을 키우자

'독해력'은 단순히 글을 읽고 이해하는 능력이 아닙니다. 사람들과 소통할 때도 독해력이 꼭 필요해요.

왜 신문과 책을 읽어야 할까?

매일 공부하는 것 외에 신문이나 책을 읽는 습관도 들여 보세요. 신문은 **세상의 '현재'를 정리한 목록**과도 같은 것입니다. 연예나 스포츠 소식뿐만 아니라 정치, 경제, 사회의 중요한 뉴스도 알기 쉽게 담겨 있죠. 처음에는 조금 어렵다고 느낄 수도 있어요. 그럴 때는 관심 있는 뉴스부터 읽어 보면 좋습니다.

책도 되도록 많이 읽어 보세요. 책에는 저자가 경험한 일, 배운 것, 전달하고 싶은 것이 다 들어 있습니다. 책을 읽으며 **다른 사람의 삶을 간접 체험하고 다양한 사람들의 의견을 접하다** 보면, 나의 세계도 점점 더 넓어질 수 있어요.

읽은 다음 이렇게 해 보자

읽기

이 정보는 확실한지, 저자는 왜 이 정보를 전달하는지, 나는 어떻게 받아들였는지, 어떻게 생각하는지 등 나의 관점에서 판단하고 해석해 본다.

요약하기

읽은 내용을 짧은 글로 정리해 본다.

설명하기

읽은 내용을 설명하고, 나는 어떻게 생각하는지 말로 표현해 본다.

신문이나 책을 읽고 나면, 그 내용을 다른 사람에게 이야기하거나 간단히 정리해 보세요.

국어 공부를 열심히 하고 틈틈이 책이나 신문을 읽으면 **다양한 글을 이해할 수 있는 독해력**이 생겨요.

독해력은 상대가 하는 말을 정확히 파악하거나 내 생각을 올바르게 전달하는 등 **사람과의 소통에서도 필요한 능력**입니다.

교양은 삶을 풍요롭게 만든다

'교양'은 살면서 어려운 일에 부딪혔을 때,
필요한 정보나 사람을 찾는 데 도움을 줍니다.

교양 있는 사람과 박식한 사람은 다르다

앞으로 어떤 시대가 오더라도 행복하게 살아가려면 교양을 꼭 갖춰야 해요. 여러분은 학교에서 공부하고 책을 읽으면서 다양한 지식을 배우고 있습니다. 하지만 그런 지식은 아직 교양이라고 할 수 없어요.

교양은 배운 지식을 일상에서 활용하고 서로 연결해 더 나은 행동으로 이어 가는 것입니다. **지식을 바탕으로 더 깊이 파고든 끝에 교양이 있다**고 할 수 있죠. 퀴즈 프로그램에서 문제를 다 맞혔다고 해서 그 사람에게 교양이 있다고 할 수는 없습니다. 지식이 있어도 **그것을 행동으로 옮기지 못한다면 그저 박식한 사람**일 뿐이에요.

두고두고 쓸모 있는 교양을 쌓자

교양을 쌓기 위해서는 정기 고사나 입시 같은 눈앞의 목표만을 위해 공부하면 안 돼요. 평생의 양식이 될 수 있도록 깊이 생각하면서 꾸준히 공부하는 것이 중요하죠.

예를 들어 새로운 과학 지식을 배웠다고 해도 5년이나 10년 후에는 쓸모없어질 수도 있어요. **'당장 쓸모 있는 것은 금세 쓸모없어진다'**라는 의미입니다.

어떤 시대에도 통하는 사고방식을 갖추고, 역사와 경제, 정치, 종교 등 다양한 지식을 활용해 **일상의 뉴스나 사건을 새로운 관점에서 바라보는 힘**을 길러 보세요.

일하는 사람들에게 울어봤다 ③
학창 시절에 열중했던 것은 무엇이었나요?

일하는 사람들은 학창 시절, 무엇에 열정을 쏟았을까요?
열정을 쏟는 대상은 공부만이 아닙니다.

20대 여성 (식품 제조사 근무)

고등학생 때 유학을 다녀왔어요. 홈스테이 가족도, 학교 수업도 전부 영어만 쓰는 환경이었죠. 공부에 몰두한 덕분에 영어 실력은 확실히 늘었어요. 대학 졸업 후에는 영어권 기업에서 일하고 싶었지만, 코로나 때문에 영어를 활용할 수 있는 일본 제조사에 취직했어요. 하지만 저는 아직도 해외에서 일하고 싶다는 꿈을 포기하지 않았어요.

20대 남성 (음식점 근무)

저희 집은 농사를 지었지만 저는 그럴 생각이 없었어요. 초등학생 때부터 요리를 좋아해서, 책이나 TV를 보고 다양한 요리법을 배워 직접 만들어 보곤 했죠. 고등학교를 졸업하고 진학한 곳은 조리사 전문학교였습니다. 도쿄에 있는 냄비 요리 전문점에서 수련한 후 고향으로 돌아와 이자카야에서 일하고 있는데, 앞으로 몇 년 더 일한 다음 제 가게를 열고 싶어요.

30대 남성 (일러스트레이터)

학창 시절에는 독서와 영화에 푹 빠져 살았어요. 대학생 때는 거의 매주 영화관에 갔고, 영화를 좋아하는 친구들과 함께 만든 독립 영화를 학교 축제에서 상영하기도 했죠. 그때 영화 포스터와 전단지를 제작하고, 일러스트도 직접 그렸어요. 그 경험 덕분에 지금은 일러스트레이터로 일하고 있답니다.

30대 여성 (비영리 단체 근무)

저는 길고양이들을 보호하고 입양자를 찾는 비영리 단체에서 일하고 있어요. 고등학생 때, 해마다 수만 마리의 개와 고양이가 안락사된다는 사실을 알게 되었어요. 그때부터 보호소에서 개와 고양이를 돌보는 자원봉사를 하고, 행사도 도왔죠. 동물 안락사를 줄이기 위한 활동은 제 삶의 중요한 목표가 되었어요.

30대 남성 (증권 회사 근무)

초등학생 때 다니던 학원에서 수학 문제를 푸는 재미에 빠졌어요. 중고등학교 수학 동아리에서는 수학 검정을 준비하고, 친구들과 서로 문제를 내고 풀어 보기도 했죠. 수학 대회에서 결승까지 진출한 일은 좋은 추억이랍니다. 지금은 증권 회사에서 일하면서 데이터를 분석할 때 수학 지식을 잘 활용하고 있어요.

30대 여성 (약국 근무)

저는 의사의 처방전을 바탕으로 환자의 약을 짓는 약사예요. 제가 하는 일에서는 약에 대한 지식뿐만 아니라 사람들과 소통하는 능력도 중요하죠. 대학생 때는 약국과 병원에서 실습하고, 서비스업 아르바이트도 하면서 상대의 말을 잘 듣고 쉽게 설명하려고 노력했어요.

5

'일'이란 무엇일까?

일은 대체 무엇을 위해 존재할까?

우리는 사회 속에서 각자 역할을 맡아 살아가고 있습니다. 일은 누군가에게 도움이 되는 것이에요.

사회 속에서 나의 역할을 맡는다

'일'이란 쉽게 말해서 **사회 속 역할**이라고 할 수 있습니다. 학교에 급식 당번이나 청소 당번이 있듯이, 사회에는 다양한 역할이 있어요. 그래서 세상이 잘 돌아가는 것이랍니다.

한국고용정보원의 조사에 따르면, **한국에는 약 1만 7000가지의 직업이 있다고 해요.** 여러분이 먹는 음식이나 입는 옷, 즐기는 게임 등 **주변의 모든 물건과 서비스는 누군가가 일을 해서 만들어 낸 것입니다.** 여러분이 생활할 수 있는 이유는 부모님이 가족을 위해 일하기 때문만이 아니라, 여러 사람이 사회 속에서 일하고 있기 때문이에요.

돈을 버는 것만이 행복한 삶은 아니다

일한다는 것은 다른 말로 하면 **누군가에게 도움이 된다**는 의미입니다. 세상에 존재하는 대부분 일은 나를 위한 것일 뿐만 아니라 다른 사람을 위한 것이기도 하죠.

돈을 많이 벌거나 주변에서 부러워하는 일을 하는 것이 행복한 삶의 조건은 아닙니다. 나의 강점을 살려서 일하고 많은 사람이 고마워한다면, 더구나 그 일이 내가 좋아하는 일이라면 그것이 진짜 행복 아닐까요?

여러분도 꼭 그런 일을 찾았으면 합니다.

사람이 일하는 이유는 무엇일까?

일하는 이유는 사람마다 달라요.
물론 먹고살기 위해 돈을 버는 것도
중요하지만, 그것이 전부는 아닙니다.

돈은 중요하지만…

사람은 왜 일을 할까요? **가장 큰 이유는 돈을 벌기 위해서예요.** 어릴 때는 사는 곳이나 먹고 입는 데 드는 돈을 가족이 부담해 줍니다. 하지만 어른이 되면 전부 스스로 부담해야 하죠. 그래서 아무리 일이 힘들어도 **돈을 벌지 않으면 현대 사회에서는 살아가기 어려워요.** 하지만 **돈을 버는 것만이 일하는 이유는 아닙니다.** 오직 돈만 중요하다면, 돈을 충분히 가진 사람들은 더 이상 일하려고 하지 않을 테니까요.

사람은 누군가에게 도움이 될 때 자신의 가치를 느끼는 존재입니다. **내가 하는 일로 누군가가 기뻐하고 고마워하는 마음이 돈으로 돌아온다**고 생각해 보세요. 그러면 아무리 힘든 일이라도 보람을 느끼게 되고 삶도 풍요로워지죠. 어떤 사람은 자신이 하고 싶은 것을 실현하기 위해 일하기도 해요. 자신이 잘하거나 좋아하는 것을 더 깊이 탐구하기 위해 일하는 사람도 있고요.

그러니 돈을 벌기 위해서만 일하는 것이 아니라, 자기만의 이유를 가지고 일하는 것이 중요해요.

'일하지 않겠다'는 선택도 가능할까?

2024년 통계청 조사에 따르면, 15~29세의 청년 중 '쉬었음' 인구는 44만 3000명(청년층 인구의 5.4%)이나 된다고 해요. '쉬었음' 인구란 일할 능력이 있고 크게 아프거나 장애가 있는 것도 아닌데 그냥 쉬고 싶은 상태에 있는 사람을 뜻합니다. 이들 중 75.6%가 일자리를 구할 생각이 없다고 했어요. 그 이유는 '원하는 임금 수준이나 근로 조건이 맞는 일거리가 없을 것 같아서(42.9%)' '이전에 찾아봤지만 일거리가 없었기 때문에(18.7%)' '교육·기술 경험이 부족해서(13.4%)' 순으로 나타났어요. 즉, 일할 수 있음에도 일하지 않는 사람이 많다는 뜻이죠.

하지만 사회 속에서 자신의 힘으로 살아가려면 일을 하는 것이 꼭 필요해요. '힘들 것 같아서 일하기 싫어'라고 생각하지 말고, 지금부터 내가 활약할 수 있는 곳을 적극적으로 찾아보세요.

세상에는 어떤 일이 있을까?

우리 주변에는 어디에나 일이 있습니다. 세상에 어떤 일들이 있는지 알아보세요.

우리 주변에 있는 것들은 대부분 일로 만들어진다

집 안, 집 밖, 학교… 어디든 상관없으니 우리 주변에 있는 것들을 떠올려 보세요.

문구류나 스마트폰, TV, 자동차 등 **우리가 사용하는 물건 대부분은 일로 만들어집니다.** 눈에 보이지 않는 전기, 가스, 인터넷 서비스도 일과 관련이 있죠.

예를 들어 TV는 TV 제조사가 만들고, 가전업체가 판매해 가정에 배달됩니다. TV 프로그램은 방송국이나 제작사가 만들고, 배우나 코미디언 같은 연예인들이 프로그램을 재미있게 꾸며 주죠.

세상의 일은 누군가의 '좀 더

○○했으면 좋겠어'라는 생각을 실현한 결과_(p.100)예요. 물건이나 서비스는 제공하는 사람과 받는 사람이 있어야 생겨난답니다.

우리 주변의 거의 모든 것은 일과 관련이 있다

나의 삶을 뒷받침하는 사람은 누구일까?

평소에는 잘 생각하지 않지만, 자세히 들여다보면 우리 주변에는 수많은 직업이 있습니다. **나의 삶을 뒷받침하는 사람들이 누구인지, 세상에는 어떤 직업이 있는지** 관심을 가져 보세요. 그러면 미래의 직업을 찾는 데 힌트를 얻을 수 있습니다.

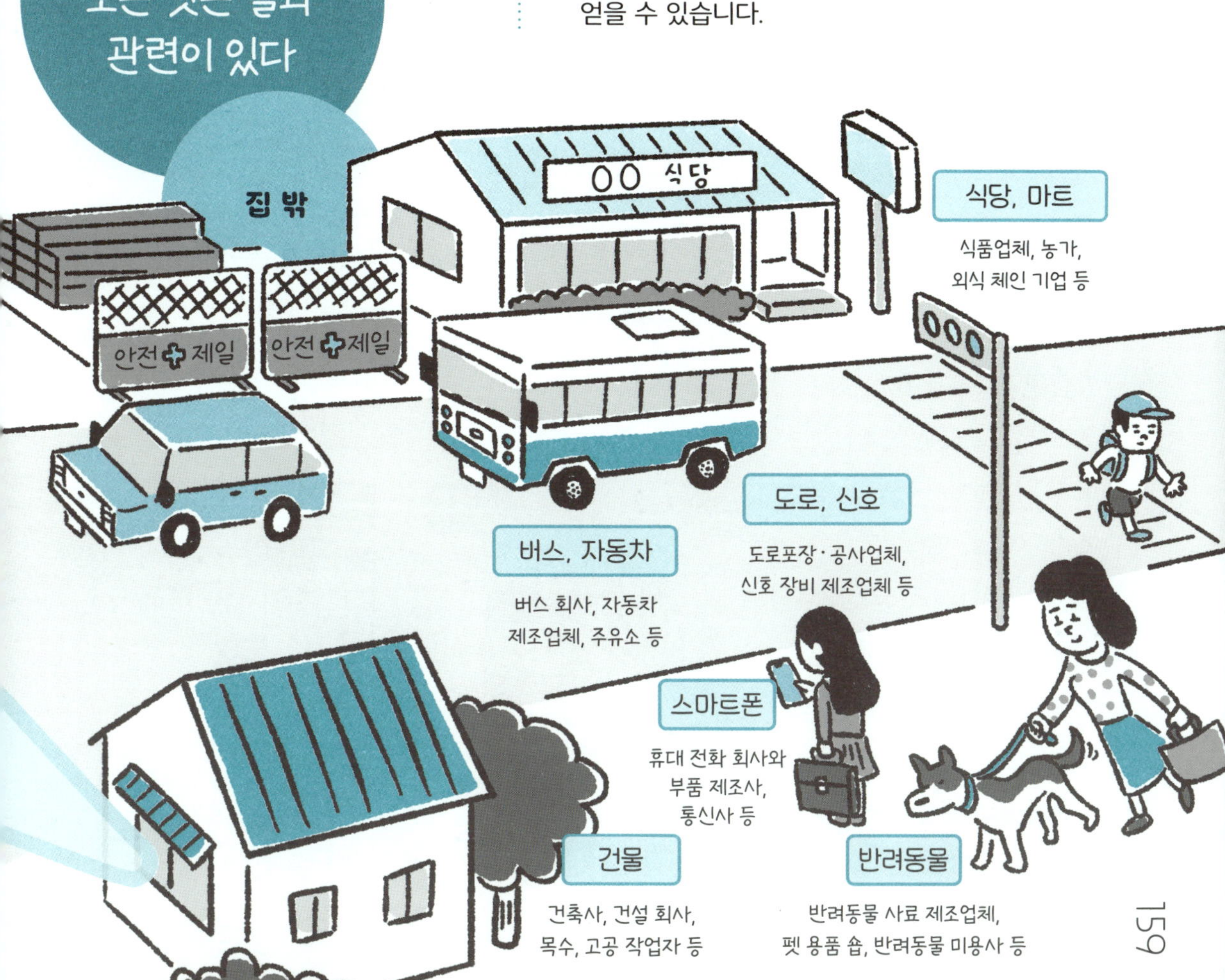

'업계'란 무엇일까?

우리나라에는 여러 업계가 있으며, 각 업계는 서로 밀접한
관계 속에서 움직이고 있어요.

업계는 크게 여덟 가지로 나뉜다

여러분은 '업계'라는 말을 들어
본 적 있나요? 이는 **기업을
사업과 서비스로 분류한
것**으로, 크게 다음 여덟 가지로
나눌 수 있습니다.
'**제조업**'은 원재료를 가공해
제품을 개발하거나 생산하는
업계예요. '**소매**'는 제조업체나
도매업자에게서 사들인 상품을
소비자에게 판매합니다.
'**상사**'는 무역으로 제조업체에서
사들인 상품을 소매점 등에
판매하며, 중개 수수료로 이익을
얻어요. 이 세 가지는 **형태가
있는 것을 다루는 업계**라고 할
수 있습니다.

국민의 생활을 지원한다

돈

금융

돈으로 사람들과 기업의
활동을 지원한다.

관공서, 공사, 단체

민간이 할 수 없는
공적 사업을 수행한다.

업계는 크게

물건

제조업

원재료를 가공해 제품을
개발하거나 생산한다.

소매

다양한 물건을
소비자에게 유통한다.

상사

물건을 팔고 싶은
사람과 사고 싶은
사람을 연결해
거래를 진행한다.

'**금융**'은 **돈을 다루는 업계**예요. 은행이나 증권, 보험 등 다양한 업계와 밀접한 관련을 맺으며 경제를 떠받치고 있죠. '**서비스**'는 개인이나 기업이 원하는 서비스를 제공하고, 그 대가를 받아 이익을 얻어요. '**미디어**'는 방송, 출판, 신문, 광고 등으로 세상의 다양한 정보를 많은 사람에게 전달하는 역할을 합니다. '**IT**'는 인터넷이나 통신, 시스템을 개발하는 소프트웨어 등으로 정보의 전달과 처리, 가공과 관련된 서비스를 제공해요. 이 세 가지는 **형태가 없는 것을 다루는 업계**죠.

영리를 목적으로 하지 않는 업계도 있다

'**관공서, 공사公社, 단체**'는 민간에서 할 수 없는 공공사업을 수행함으로써 사회에 이바지하는 업계예요. 다른 일곱 가지 산업과 다른 점은 **영리(이윤 획득)를 목적으로 하지 않는다**는 것이죠. '관공서'는 국가나 지방 자치 단체의 행정 기관입니다. 중앙 부처, 법원, 국회 같은 곳이 여기에 들어가요. '공사'와 '단체'는 지방 자치나 주택, 도로 등 민간이 하기 어려운 공적 사업을 하는 조직입니다. 이렇게 업계를 자세히 알아 두면, 학교에서 배운 것을 활용할 수 있는 분야나 내가 하고 싶은 일이 속한 분야가 어디인지 파악할 수 있어 앞으로 직업을 선택할 때 큰 도움이 될 거예요.

여덟 가지로 분류된다

형태가 없는 것

서비스

개인이나 기업에 오락이나 식사 같은 서비스를 제공한다.

IT

정보의 전달과 처리, 가공과 관련된 서비스를 제공한다.

미디어

온갖 정보를 원하는 사람들에게 전달한다.

회사 안에는 다양한 일이 있다

많은 어른이 회사에서 일하고 있습니다.
그렇다면 회사란 어떤 곳일까요?

기업의 99% 이상이 소규모 기업

한국에는 800만 개가 넘는 기업이 있어요. 그중 **99.9%는 작은 규모의 중소기업이죠.** 회사는 **같은 목표나 목적을 가진 사람들이 모여, 각자 역할을 맡아 일하는 곳**입니다.
혼자서 할 수 있는 일은 한정되어 있지만, 다 같이 하면 더 많은 일을 할 수 있어요.
그렇다면 회사 안은 어떻게 이뤄져 있을까요? 세상의 많은 어른이 회사원으로 일하고 있지만, 같은 회사 안에서도 각자 하는 일은 모두 다르답니다.

회사는 아래 그림과 같이 **다양한 부서로 나뉘어 있어요.** 새로운 상품이나 사업을 구상하는 것은 '기획'의 역할입니다. 공장 등에서 상품을 만드는 것은 '제조'이며, 회사와 상품을 외부에 알리는 것은 '광고'와 '홍보'죠. 상품을 판매하고 때로는 판매 방식을 고민하는 것이 '영업'과 '판매'입니다. '총무'와 '인사'는 회사 업무가 원활히 돌아가도록 환경을 조성하죠. '회계, 경리, 재무'의 역할은 회삿돈을 관리하고 쓰는 거예요.

이런 회사 조직을 이끄는 사람이 '경영자'입니다.

일은 여러 사람이 함께 한다

물건이나 서비스는 많은 사람의 손을 거쳐 세상에 나옵니다. 그렇다면 내가 좋아하는 것은 누가 어떻게 만들고 있을까요?

물건이나 서비스는 여러 사람의 힘으로 만들어진다

한 권의 책이 독자에게 닿기까지 많은 사람의 손을 거치듯(p.42), **세상에 있는 물건과 서비스는 여러 직업에 종사하는 사람들이 힘을 합쳐 만들어 낸 거예요.** 애니메이션 제작 과정을 예로 들어 볼까요? 애니메이션 제작은 크게 세 단계로 나뉩니다. 첫 번째는 '사전 제작'이에요. 작품의 큰 틀을 정하고 지휘하는 작업이죠. 프로듀서나 감독, 연출가, 각본가, 디자이너가 기획부터 그림 콘티 제작까지의 과정을 담당해요.

애니메이터

두 번째는 '제작'이에요. 그림을 그려 움직이게 하는 작업입니다. 애니메이터가 그림을 그리고 색을 입혀, 소리 없는 애니메이션을 만들기까지의 과정을 담당해요.

세 번째는 '후반 제작'이에요. 영상에 음성을 녹음하고 편집하는 작업이죠. 편집 크리에이터와 성우, 음향 엔지니어 등이 최종적으로 애니메이션을 완성합니다.

제작

그림을 그려 움직이게 한다

애니메이션 제작

CT 편집 (컷 편집)

편집 크리에이터

후시 녹음

좋아하는 것을 실현하는 직업은 많다

이처럼 하나의 애니메이션을 만들기 위한 과정은 길어요. 하지만 좋아하는 애니메이션 제작에 참여하고 싶은 사람에게는 **이렇게나 많은 선택지가 있는 셈**입니다.

내가 좋아하는 물건이나 서비스가 어떻게 만들어지는지를 알아 두면, 진학할 학교나 직업을 선택할 때 길잡이가 될 거예요.

후반 제작

영상에 음성을 넣어 편집한다

음향

성우

음악 감독

음향 엔지니어
사운드 크리에이터

더빙

V(비디오) 편집

회사에서 받는 급여 명세서 살펴보기

'급여 명세서'는 회사에서 일한 사람에게 한 달에 한 번씩 주는 돈의 내역서예요.
기본급 외에 수당, 세금, 사회 보험 등과 관련된 사항이 기재되어 있죠.

'연차 유급 휴가'란?

일정 기간 일한 사람에게 몸과 마음의 휴식을 제공하고 여유로운 생활을 보장하기 위해 주어지는 휴가를 말합니다. 월급을 그대로 받으면서 쉴 수 있어요. 연차 유급 휴가는 법률로 정해진 권리이므로, 회사에서 이 휴가를 사용하지 못하게 하는 것은 불법입니다.

성명	홍길동
부서	개발지원팀
세	부
지급	
임금 항목	지급 금액(원)
기본급	3,200,000
연장 근로 수당	379,728
야간 근로 수당	15,822
휴일 근로 수당	94,932
가족 수당	150,000
연차 유급 휴가 수당	132,056
식대	100,000
지급액 계	4,072,538

계	산
구분	산출식 또는 산출 방법
연장 근로 수당	연장 근로 시간 수(16시간) ×
야간 근로 수당	야간 근로 시간 수(2시간) ×
휴일 근로 수당	휴일 근로 시간 수(4시간) ×
가족 수당	100,000원 × 1명(배우자) +
연차 유급 휴가 수당	1일 통상 임금 ×

최종적으로 손에 들어오는 돈은?

월급은 기본급에 각종 수당을 더한 후 공제액을 뺀 금액이며 매달 받습니다.

사번	073542
직급	팀장

내 역	
공제	

공제 항목	공제 금액(원)
소득세	115,530
국민연금	177,570
고용 보험	31,570
건강 보험	135,350
장기 요양 보험	15,590
노동조합비	15,000
공제액 계	490,610
실수령액(원)	3,581,928

방 법	
	지급액(원)
15,822원 × 1.5	379,728
15,822원 × 0.5	15,822
15,822원 × 1.5	94,932
50,000원 × 1명(자녀 1명)	150,000
미사용 연차 일수(1일)	132,056

출처: 고용노동부, '급여 명세서 작성 사례'

'사회 보험'이란?

우리의 생활을 보호하는 제도로, 만일의 사고에 대비하기 위한 공적인 보험입니다. 일상생활 속에는 부상이나 질병, 돌봄, 실업 등 다양한 위험이 있어요. 이럴 때를 대비해 국민이 함께 돈을 내서 서로를 돕는 구조입니다.

모두가 안심하고 살기 위한 '세금'

우리가 내는 세금은 국가와 지방 자치 단체가 사용하는 돈이에요. 경찰, 소방, 도로·수도 정비와 같은 '모두를 위한 활동'과 연금, 의료, 복지, 교육과 같은 '사회에서 서로 돕기 위한 활동'에 쓰죠. 모두가 안심하고 살 수 있도록 회비를 낸다고 생각하면 돼요.

돈을 벌기 위한 일?
보람을 위한 일?

일에서 추구하는 것은 사람마다 다릅니다.
보람을 느끼며 일하려면, 일을 천직으로
생각하는 자세가 중요해요.

직업관을 나타내는 세 가지 유형

사람들은 자신이 하는 일에 대해 저마다의 가치관을 가지고
있습니다. 미국의 사회학자 로버트 N. 벨라 박사 연구팀은
이런 직업관을 세 가지 유형으로 나눴어요.
첫 번째는 '**생업Job**'입니다. 이 유형은 일을 '**돈과 생계를 위한
노동**'으로 여겨요. 일 자체에서 재미를 추구하지 않기 때문에
성취감이나 보람이 그다지 높지 않죠.
두 번째는 '**경력Career**'입니다. 이 유형은 일을 '**지위와
명예를 얻기 위해 하는 것**'으로 생각해요. 목표를 이루면
만족하고, 바로 다음 목표를 향해 나아가려는 경향이
있습니다.
세 번째는 '**소명Calling**'입니다. 소명은 '하늘의 부름'이라는
뜻이에요. 이 유형은 일의 주요 목적을 '**의의와 보람**'에 두고,
자신이 하는 일을 천직으로 여깁니다.

경력

지위나 명성, 또는 자신의
성장을 위한 노동.
지식이나 기술을 배우고,
스스로 성장할 수 있어서
일한다.

나답고 활기차게 일하기 위해

어떤 직업관이 더 좋고 나쁘다고 말할 수는 없어요.
하지만 일반적으로 일하면서 느끼는 보람은
생업보다는 경력, 경력보다는 소명 쪽이 더 큽니다.
사람은 사회적 의의를 느끼며 일할 때 가장 나답고
생동감 있게 빛날 수 있습니다. 여러분도 천직이 될 수
있는 일을 꼭 찾아보세요.

돈이 많으면 진짜 행복할까?

노동으로 돈을 많이 벌 수 있다는 것은
대단한 일입니다. 그만큼 열심히 일했다는
뜻이기도 하니까요.
그렇다면 돈을 많이 벌면 반드시
행복해질까요? 급여가 많아도 일이 너무
힘들어서 건강을 해치는 사람이 있습니다. 또
돈이 많아도 항상 남을 무시하고 잘난 척하는
사람은 풍요로운 삶을 산다고 말하기 힘들죠.
물론 돈은 살아가는 데 꼭 필요하고, 가능하면
넉넉한 것이 좋아요. 하지만 행복한 삶을 사는
데 있어 중요한 것은 돈 말고도 많습니다.
인생은 돈이 전부가 아니에요.

일하는 방식은 다양하다

여러분은 나중에 어떤 방식으로 일하고 싶나요? 일하는 방식은 회사에 취직하는 것 외에도 다양합니다.

회사에서 일하는 방식은 한 가지가 아니다

보통 '일'이라고 하면, 회사에 취직하는 것을 떠올리기 쉬워요. 하지만 **일하는 방식에는 여러 가지 형태가 있습니다.** 회사원에는 회사에 정식으로 고용된 '정규직'과 다른 회사에서 파견되어 일정 기간만 일하는 '파견직' 등이 있어요. 회사와 시간제 계약을 맺어 일하는 것은 '아르바이트'입니다. '경영자'는 회사를 책임지고 운영하는 사람이죠. 파견직이나 아르바이트는 '비정규직'이라고 해요. 비정규직은 자신의 형편에 맞춰 직장이나 근무 시간 등을 선택할 수 있다는 장점이 있습니다. 하지만 **수입이 불안정하고 회사 사정에 따라 일이 없어질 수도 있어요.** 공무원은 국가나 지방 자치 단체(광역시·도, 시·군·구 등)에 고용되어, 그 지역에 사는 사람들을 위해 일합니다.

회사에 고용되지 않고 일하는 프리랜서

개인으로 일하는 프리랜서나 자신의 가게에서 장사하는 자영업은 회사에 고용되지 않는 근무 방식이에요.

프리랜서는 **전문 지식이나 기술로 일합니다.** 일하는 방식은 자신에게 달려 있지만, 일을 맡긴 사람의 요구에 맞춰야 할 때도 많아요.

어떤 방식으로 일하든, 각각 장점과 단점이 있습니다. 내가 가장 중요하게 생각하는 것이 무엇인지 고려해 선택하도록 하세요.

단체나 NPO에서 일하기

비영리 단체NPO는 돈을 벌기 위해서가 아니라, 사람이나 동물에게 도움이 되는 활동을 목적으로 삼는다.

국가 공무원 지방 공무원

국가 공무원은 중앙 부처, 국회, 법원 등 국가 기관에서 일한다. 지방 공무원은 도청이나 시청 같은 지역 관공서에서 지역 주민의 생활과 밀접한 일을 한다.

국가나 지방 자치 단체에서 일하기

개인으로 일하기

회사에 속하지 않고 개인으로 일하거나 자신의 가게를 운영한다. 전문적인 지식이나 기술을 가진 직종이 많다.

프리랜서, 자영업

한 회사에서 평생 일하지 않아도 된다

취직하면 꼭 그 회사에서 계속 일해야 하는
것은 아니에요. 내가 하고 싶은 일을 찾아
직장을 옮기는 것도 괜찮습니다.

여행사에 들어가 국내외
패키지여행을 기획하고
판매한다.

지금은 유연하게 일할 수 있는 시대

예전에는 한 회사에 취직하면, 일반적으로 정년까지 계속 일했습니다.
그래서 좋은 대학을 나와 유명한 회사에 들어가면 평생 안정적이라고
생각하는 사람이 많았죠.
하지만 지금은 '**일=한 회사에서 정년까지 근무**'하는 시대가
아닙니다. 다시 말해, 여러분은 예전보다 더 유연하게 일할 수 있는
시대에 살고 있어요.
예를 들어 이직이 있어요. 지금 다니는 회사에서 실력과 기술을
갈고닦아 **더 좋은 대우를 받고, 더 자신이 빛날 수 있는 다른 회사로
이직**하는 사람이 많습니다. 물론 이직하는 이유는 사람마다 달라요.
'다른 일을 해 보고 싶어서' '열심히 해 봤지만 잘 안 돼서'라는
이유로 이직하는 것도 괜찮습니다.

스마트폰 앱 회사로
옮겨 앱을 기획하고
개발하는 일에
참여한다.

일하는 방식도
다양해진 시대

좋아하는 일을 부업으로 해도 된다

최근에는 **부업을 허용하는 회사도 많아졌어요.** 본업 외의 시간을 활용해 자신이 좋아하는 일을 하면서 돈을 벌 수 있는 것이죠.

기존 회사에 들어가지 않고 새롭게 사업을 시작하는 것을 '창업'이라고 해요. **요즘에는 학생 때 창업하는 사람도 늘고 있습니다.**

부업

남는 시간에 온라인으로 외국인에게 한국어를 가르친다.

창업

지금까지의 경험을 살려, 한국어를 배우고 싶어 하는 외국인과 외국어를 배우고 싶어 하는 한국인이 서로 언어를 가르쳐 줄 수 있는 앱 제작사를 창업한다.

자격이 필요한 직업도 있다

'자격'이란 어떤 일을 하기 위해 필요한 조건을 말합니다. 자격에는 국가 자격, 국가 공인 자격, 민간 자격, 이렇게 세 가지가 있어요. '국가 자격'은 법률로 사회적 지위가 보장되며, 신뢰도가 높은 자격입니다. '국가 공인 자격'은 민간 자격 중 국가가 공식적으로 인정한 자격이에요. '민간 자격'은 민간 사업자나 단체 등이 심사해 인정하는 자격이죠. 자격에는 의사, 간호사, 변호사, 요리사, 미용사, 보육 교사처럼 특정 직업에 종사하기 위한 자격이 있는가 하면, 한자 검정 시험이나 공인 영어 시험처럼 능력을 증명하는 자격도 있어요. 내가 원하는 직업에 자격증이 꼭 필요하다면 자격증을 따기 위해 어떤 공부를 해야 하는지, 또 어떤 진로를 선택해야 하는지 미리 확인해 두세요.

일과 돈의 관계를 꼭 알아 두자

일을 하면 왜 돈을 받을 수 있을까요?
회사원을 예로 들어, 돈이 우리 손에
들어오는 구조를 살펴보도록 해요.

매출의 일부가 일하는 사람의 급여가 된다

일을 하면 그 대가로 돈, 즉 급여가
지급됩니다. 그런데 왜 일을 하면 돈을 받을
수 있는 것일까요?
사람들이 상품이나 서비스를 구매하면, 그
돈은 가게나 회사의 매출로 들어갑니다.
가게나 회사는 이 돈으로 상품이나 서비스를
만들고, 물건을 사들이며, 임대료나
전기·수도 요금 등을 내죠.
그리고 **매출 일부는 일하는 사람들에게
급여로 줍니다.** 소득세 같은 세금(p.167)을 뺀
금액을 지급하죠.

노동과 돈의 사이클
(회사원의 경우)

미래를 위해 용돈을 관리하는 연습을 해 보자

2024년 통계청 자료에 따르면, 2인 이상 가구의 한 달 평균 소비 지출은 355만 8000원입니다. 생활에 필요한 돈은 식비, 교통비, 통신비, 주거비 등 여러 가지가 있어요.

어른이 되면 **번 돈 중 얼마를 생활비로 쓰고 얼마를 저축할지, 또 앞으로 어떻게 살아갈지 고민해야 합니다.**

여러분은 아직 집안 살림을 걱정할 나이는 아니지만, 미래를 위해 지금부터 돈을 알뜰하게 관리하는 습관을 길러 두면 좋아요.

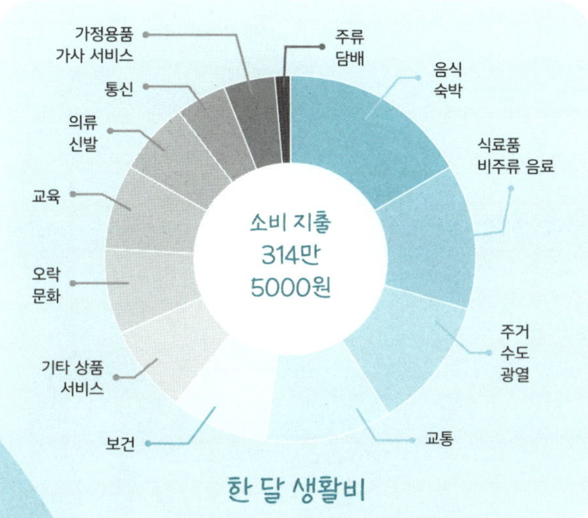

(가구주의 직업이 임금 근로자인 '도시 근로자 가구' 기준)
출처: 통계청, 〈가계 동향 조사〉(2024년 4/4분기)

매출 일부가 일하는 사람들에게 급여로 분배된다.

수입의 '많고 적음'은 무엇으로 결정될까?

같은 시간을 일해도 수입이 많은 사람과 적은 사람이 있습니다. 왜 이런 차이가 생기는 것일까요? 돈은 가치와 가치를 교환하기 위한 도구입니다. 그래서 수입이 많은 사람은 가치가 높은 일을 하고, 수입이 적은 사람은 그보다 가치가 낮은 일을 한다고 말할 수 있어요. 여기서 말하는 가치는 무엇일까요? 예를 들어 자갈은 아무리 예뻐도 흔하기 때문에 비싸게 팔리지 않아요. 반면 다이아몬드는 많은 사람이 가지고 싶어 하지만 채굴할 수 있는 양이 적기 때문에 희소가치가 높아 비싸죠. 일도 마찬가지입니다. 수입이 많은 일은, 찾는 사람은 많지만 어렵기 때문에 그 일을 할 수 있는 사람이 적다는 뜻이에요.

규칙을 어기는 나쁜 회사도 있다

세상에는 젊은이들을 소모품처럼 대하는 회사가 있어요. 이런 회사를 '블랙 기업'이라고 합니다.

블랙 기업의 특징

우리는 일을 할 때 어떤 조건으로 일할 것인지 회사와 계약을 맺어요. 그런데 **고용되는 사람은 고용하는 측에 비해 불리한 입장이 되기 쉽죠.** 그래서 고용하는 측이 자신들에게 유리한 조건을 강요하지 않도록, 법으로 일하는 사람의 권리를 보호하고 있어요.

그런데 이런 근로 규칙을 무시하는 회사도 있습니다. 그것이 바로 **블랙 기업**이에요.

법률에서는 근무 시간을 주 40시간, 하루 8시간까지로 정하고 있으며, 이를 넘기면 초과 근로 수당을 지급해야 합니다. 하지만 블랙 기업은 초과 근로 수당을 지급하지 않을 뿐 아니라, 일 못하는 본인 탓을 하라며 과도한 장시간 노동을 강요하죠. 그 외에도 임금이 너무 적거나 쉬고 싶어도 쉴 수 없고, 이직률이 높다는 특징이 있습니다.

상사 등에게 정신적·육체적 고통을 당한다.

직장이 너무 편해서 그만두는 사람들도 있다?

블랙 기업과 정반대인 회사를 '화이트 기업'이라고 해요. 대우가 좋고, 정해진 시간에 퇴근하고, 상사들도 친절한 회사죠. 이런 곳은 이상적으로 보이지만, 요즘은 "직장이 너무 화이트라서 그만두고 싶다"라며 느슨한 업무에 실망해 퇴사하는 젊은이들이 늘고 있다고 합니다. 그 이유로는 경험이나 기술을 쌓을 기회가 없어서, 뭘 해도 혼나지 않아서, 실수해도 뒷수습을 해 줘서 등이 있어요.

지금까지는 '회사가 나를 키워 줄 거야'라고 생각하며 일하는 사람이 많았습니다. 하지만 앞으로는 '회사를 이용해서 스스로 성장하겠다'라는 적극적인 마음가짐이 필요해요.

힘든 노동으로 몸과 마음이 망가진다

블랙 기업에서 지나치게 많은 업무에 시달리다 몸과 마음이 피폐해지고 **병에 걸려 정상적인 생활을 할 수 없게 되는 사람도 적지 않아요.**

요즘은 블랙 기업이 사회 문제로 알려지면서 점차 줄어들고 있지만, 아직 완전히 사라진 것은 아닙니다.

여러분도 잘 알아보고 이런 회사에 들어가지 않도록 조심해야 해요.

세계를 무대로 활약하려면?

해외에 관심이 있다면 지구 전체를 일터로 삼아 보세요. 그 전에 언어 말고도 배워야 할 것이 있습니다.

언어 외에 배워야 할 것은?

앞으로 한국을 떠나 세계 어딘가에서 일해 보고 싶은 사람도 있을 거예요.

세계에는 영어, 중국어, 프랑스어, 일본어 등 다양한 언어가 있습니다. 일하고 싶은 나라가 있다면, **먼저 그 나라의 언어를 이해하고 말할 수 있도록 공부해 두세요.**

외국에서 일하려면 상대를 이해하는 능력, 내 의견을 제대로 전달하는 능력이 꼭 필요해요. 그 나라의 문화, 역사, 정치, 경제 같은 특징을 아는 것도 중요하죠.

우리나라에 대해서도 확실히 공부해 두세요. 외국 사람들과 소통할 때는 '나는 어떤 사람인가'를 분명히 할 필요가 있기 때문이죠. 자신의 나라를 설명할 수 없다는 것은 곧 자신을 이야기할 수 없는 것과 같습니다.

어학 외에 필요한 것

① 여러 나라의 문화와 차이점을 이해하기

나라나 지역에 따라 문화와 가치관이 다르다. 우리나라의 상식에만 얽매이지 말고, 여러 나라를 알아보고 이해해 두자.

② 우리나라에 대해 제대로 공부해 두기

외국인과 대화할 때는 '나는 누구인가'를 설명할 수 있는지가 매우 중요하다. 외국뿐 아니라 우리나라의 문화, 역사, 현재를 깊이 공부해 두자.

③ 상대를 이해하는 능력과 의견을 전달하는 능력 갖추기

소통하기 위해서는 상대의 감정을 이해하고, 자신의 의견을 제대로 전달해야 한다.

해외에서 일할 수 있는 직업

해외를 무대로 활약할 수 있는 직업에는 어떤 것들이 있을까요?

먼저 **해외 근무가 가능한 회사, 외교부 같은 정부 부처, 전 세계 사람들을 지원하는 비정부 기구NGO 단체의 직원**을 들 수 있습니다. 또 **통역사나 한국어 교사**가 되면 한국과 해외를 잇는 역할을 할 수 있죠. 요리사, 도예가, 가구 장인처럼 특별한 기술을 가진 **장인으로 해외에 진출하는 것**도 하나의 방법이에요.

지금은 인터넷으로 지구 반대편에 있는 사람과도 순식간에 연결되는 시대입니다. 한국에 살면서도 국제적인 일을 할 수 있죠.

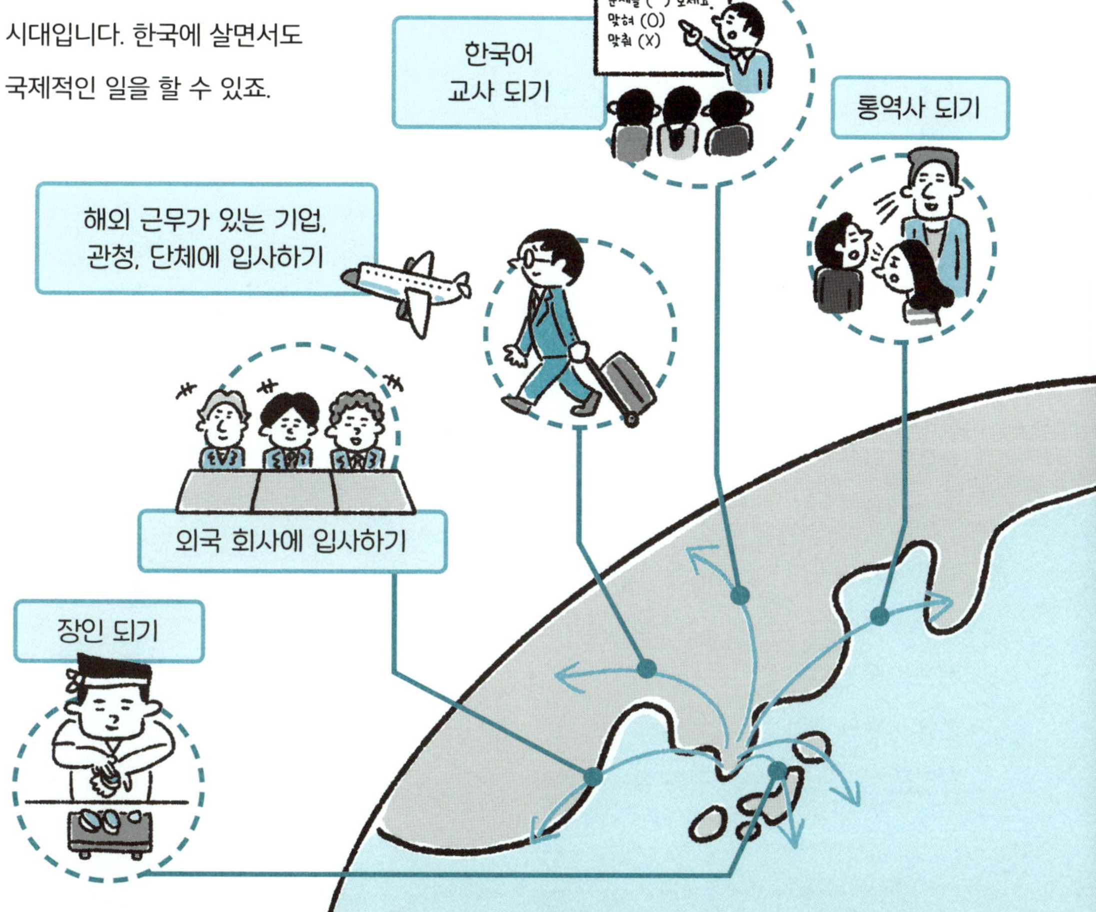

'인기 있는 직업'은 시대에 따라 달라진다

좋은 회사는 시대에 따라 바뀌기 마련입니다. 현재의 가치관에 얽매이지 않고 생각하는 것이 필요해요.

지금의 대기업이 계속 남아 있을까?

하고 싶은 일이나 바라는 직업 이야기를 하면, 부모님은 "안정적인 대기업이 좋아"라고 말할지도 모릅니다. 그런데 안정적인 대기업이란 과연 무엇일까요? 지금 대기업이라고 불리는 회사들도 처음부터 대기업이었던 것은 아닙니다. **지금은 안정적으로 보일지 몰라도 시대의 흐름을 따라가지 못하면 쇠퇴하거나 망할 수 있어요.**

인기 있는 업종도 시대에 따라 바뀝니다. 예를 들어 석탄이 주요 에너지원이었을 때는 석탄 산업이 인기가 많았어요. 하지만 석유가 주요 에너지원이 되면서 석탄 산업은 쇠퇴했죠. 그다음에는 섬유 산업이

초등학생이 장래에

2007년

	남학생		여학생
1위	운동선수	1위	교사
2위	의사	2위	연예인
3위	교수	3위	의사
4위	경찰관	4위	패션 디자이너
5위	법률가(법조인)	5위	법률가(법조인)
6위	연예인	6위	요리사
7위	요리사	8위	교수
8위	프로 게이머	9위	경찰관
9위	교사	18위	운동선수
36위	패션 디자이너	79위	프로 게이머

출처: 진로정보센터 운영, 〈2007 진로 교육 지표 조사(학생)〉(응답 빈도수 상위 10위 희망 직업 내 성별 차이를 나타낸 통계)

인기를 끌었지만, 중국과 동남아시아에서
값싼 제품이 들어오면서 이 산업도
쇠퇴했어요.
이처럼 **안정적인 기업이나 인기 업종은
시대에 따라 달라집니다.**

	남학생		여학생
1위	운동선수	1위	교사
2위	크리에이터	2위	제과 제빵원
3위	의사	3위	의사
4위	프로 게이머	4위	가수, 성악가
5위	요리사, 조리사	5위	운동선수
6위	경찰관, 수사관	6위	배우, 모델
7위	법률 전문가	7위	만화가, 웹툰 작가
8위	회사원	8위	뷰티 디자이너
9위	과학자	9위	요리사, 조리사
10위	군인	10위	작가

출처: 한국직업능력연구원, 〈2024 초중등 진로 교육 현황 조사〉

아이들의 장래 희망도 점점 달라진다

한국직업능력연구원 국가진로교육
연구센터가 운영하는 진로 정보 사이트
'커리어넷'을 보면, 해마다 전국의
초중고생을 대상으로 희망 직업을 조사한
결과가 나와 있어요.
왼쪽 도표는 2007년과 2024년의 순위를
비교한 것입니다. **17년 만에 인기 직업이
꽤 달라진 것을 알 수 있죠.**
시대와 함께 가치관도 변합니다. '연봉이
높으니까' '규모가 크니까' '좋은 회사라고
하니까' 같은 지금의 가치관에 얽매이지
말고, 내가 하고 싶은 일을 찾아보도록
해요.

달콤한 유혹에 빠지지 않으려면?

세상에는 여러분을 나쁜 길로 끌어들이는 '달콤한 유혹'이 곳곳에 도사리고 있습니다. 여기에 휘말리지 않도록 늘 조심해야 해요.

쉽게 돈을 벌 수 있는 일은 존재하지 않는다

"단시간에 고수익" "누구나 할 수 있는 쉬운 일"…. 이런 달콤한 말로 SNS 같은 곳에서 강도나 사기범을 모집하는 '어둠의 아르바이트'가 최근 사회 문제로 떠오르고 있어요.

쉽게 돈을 벌 수 있다는 말은 아주 매력적으로 들리지만, **그런 달콤한 일은 이 세상에 존재하지 않습니다.**

이런 나쁜 일은 범죄이므로, 가담하면 당연히 체포돼요. 아무 생각 없이 지원하는 사람들은 **그저 희생양으로 이용될 뿐**입니다.

유혹을 거절할 수 있는 굳은 마음을 가진다

이런 솔깃한 제안이 떠도는 곳은 SNS뿐만이 아닙니다. 학교 선배나 친구처럼 나와 가까운 사람이 "한번 해 볼래?" 하고 제안할 수도 있죠.

스스로 발을 들여놓지 않는 것은 물론, **유혹을 받더라도 절대 넘어가지 않는 강인한 마음을 길러야 합니다.**

순간의 충동으로 평생을 망치지 않도록 주의하세요.

익명 SNS

아는 사람

어둠의 아르바이트

SNS나 인터넷 게시판 등에서 "고액" "당일 현금 지급" 같은 달콤한 말로 지원자를 모집한다. 함부로 손을 댔다가는 특수 사기나 강도 실행범으로 체포된다.

다단계 판매

상품을 계약한 다음 자신이 회원을 모집해 소개료 등을 받는다. 이런 구조가 점점 확대되면서 빚을 지게 되거나 인간관계가 망가지기도 한다.

인터넷 정보 상품

"하루 몇 분만 작업하면 한 달에 수천만 원!"처럼 광고하며 인터넷 통신 판매 등으로 부업이나 투자, 도박으로 고수익을 올리는 방법을 판매한다. 계약한 뒤에는 환불이 어려워 문제가 되는 경우가 많다.

알아 두기!!

가까운 사람이라도 쉽게 믿지 마세요

일본 경찰청에 따르면, 2022년에 보이스 피싱 같은 특수 사기에 연루되어 체포되거나 불구속 상태로 송치된 20세 미만 청소년은 477명이나 되었어요. 이 중 약 33%가 중고등학생이었죠. 역할을 보면, 피해자로부터 현금이나 현금 카드를 받는 '현금 수거책'이 약 73%를 차지했습니다. SNS로 실행자가 된 사람이 학교 후배 등을 끌어들여 확산하는 일도 있었다고 해요.

아는 사람이라고 해서 쉽게 믿어서는 안 됩니다. 한국의 경우, 경찰청에 따르면 2023년 기준으로 보이스 피싱에 연루되어 검거된 2만 2386명 중 44%인 9842명이 20대 이하였어요.

직업을 알아보는 네 가지 방법

세상에 어떤 직업이 있는지 알아 두면, 미래의 진로를 정할 때 큰 도움이 됩니다.
여기서는 네 가지 방법을 소개할게요.

① 책으로 알아본다

서점이나 도서관에 가면 여러 직업을 소개하는
책이 있습니다. 특정 직업이나 업계를 알아보고
싶다면, 조금 전문적인 책도 찾아보세요.

② 인터넷으로 찾아본다

인기 직업 순위나 직업별 검색 등 청소년을 위한
웹사이트가 많아요. 관심 있는 회사 홈페이지를
살펴보는 방법도 좋습니다.

③ 직접 이야기를 들어 본다

관심 있는 직업을 가진 사람이 주변에 있다면,
직접 이야기를 들어 보세요. 그 직업의 좋은 점
과 힘든 점, 또 그 일을 하려면 무엇이 필요한지
알 수 있습니다.

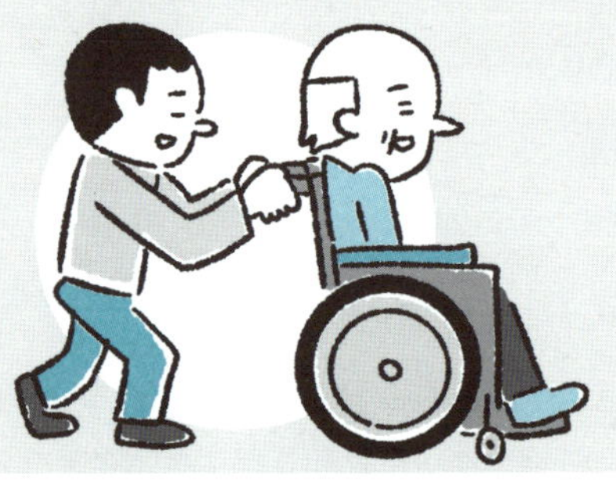

④ 직업 체험으로 배운다

각지에는 다양한 직업을 체험하면서 사회 구조
를 배울 수 있는 테마파크가 있어요. 직업 체험
을 실시하는 학교도 있죠.

6

인공지능 시대를 헤쳐 나갈 힘을 기르자

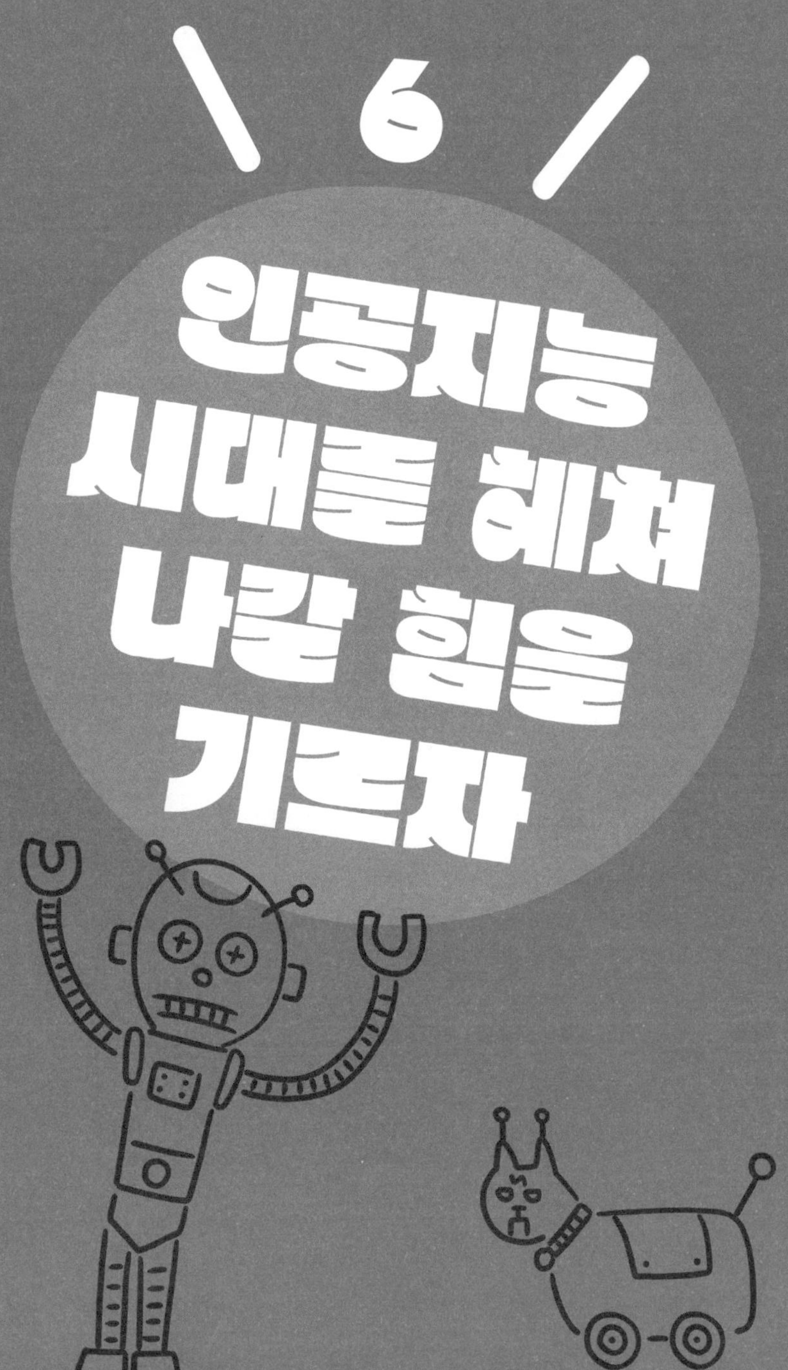

변화하는 세상 속에서 내가 빛나기 위해

세상의 상식이 바뀌는 가운데 꼭 필요한 것은 시대를 초월해 활약할 수 있는 능력이에요.

미래 시대의 주인공은 바로 나

여러분이 살아가는 지금은 **그 어느 때보다 변화무쌍한 시대입니다.**

정보기술이나 인공지능의 혁명, 아이들 수는 줄어들고 노인들 수가 늘어나는 저출생 고령화, 가치관과 일하는 방식의 변화…. 이런 것들은 아직 누구도 경험해 본 적이 없는 일들이에요. 앞으로 10년 뒤, 20년 뒤 세상이 어떻게 될지는 아무도 모릅니다. 하지만 '알 수 없는 미래를 생각해 봐야 소용없다'라며 생각하기를 멈추지 마세요.

다가올 시대의 주인공은 바로 여러분입니다. **지금 이 사회의 '이렇게 되면 좋겠어'를 실현하는 사람도, 미래를 만들어 가는 사람도 바로 여러분**이에요.

어떤 시대에도
내 힘으로
살아가는 능력

세상의 상식이 계속 변하고 있는 지금, 가장 중요한 것은 **어떤 시대가 찾아와도 내 힘으로 살아갈 수 있는 능력**을 갖추는 일입니다. 그 능력은 학교생활이나 일상생활 속에서도 기를 수 있어요.

여러분이 어른이 된 미래에는 어떤 직업과 인재가 필요해질까요? 과거나 지금의 가치관에 집착하지 말고, **넓은 시야로 미래를 생각해 보세요.**

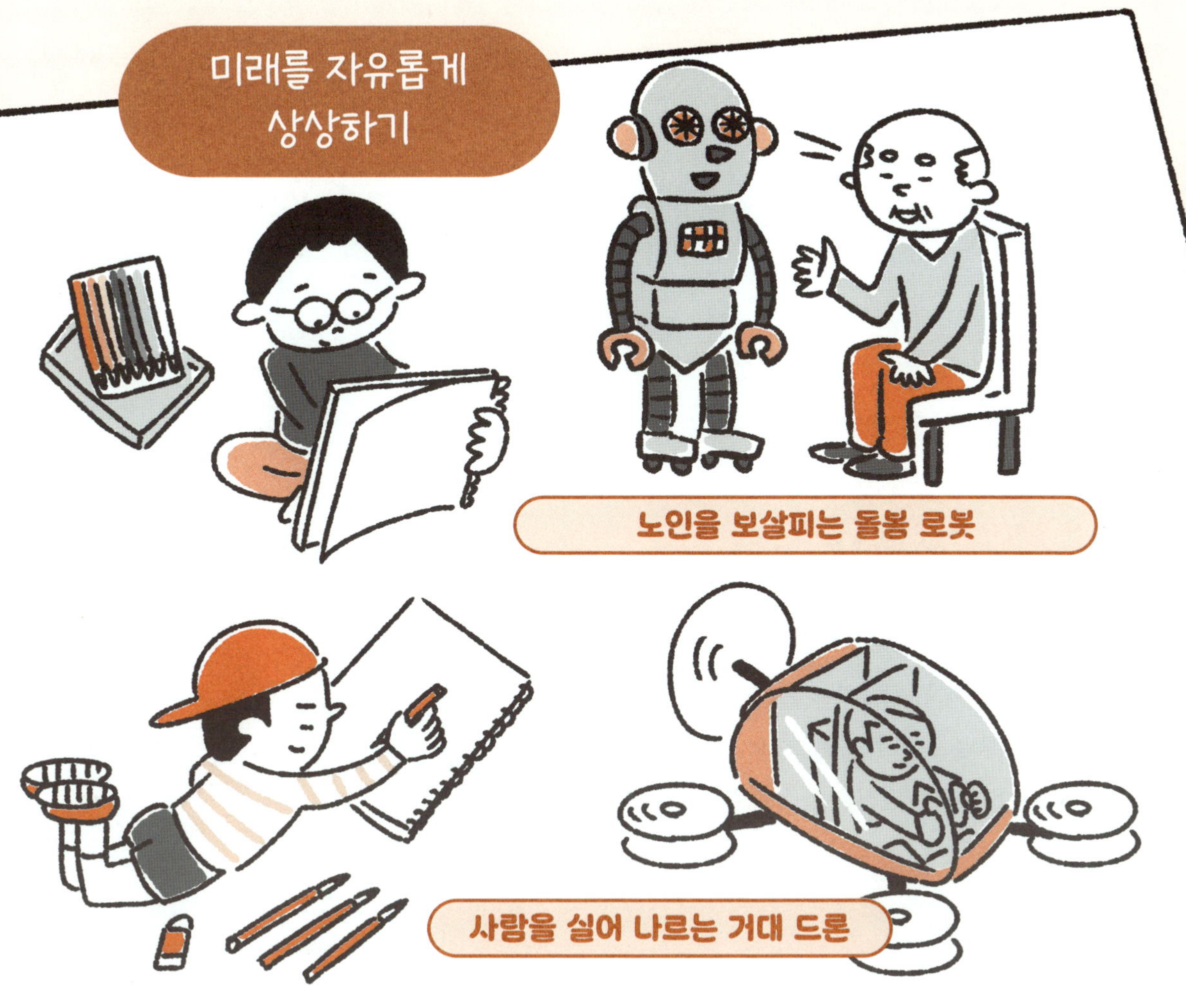

시대가 바뀌면 일하는 방식도 바뀐다

가치관과 함께 일하는 방식도 달라집니다. 시대에 맞는 방식으로, 하고 싶은 일을 추구해 보세요.

회사는 나를 평생 지켜 주지 않는다

시대가 변하면 가치관도 변합니다. 가치관이 변하면 일하는 방식도 자연스럽게 달라지죠. 예를 들어 예전에는 회사원이라면 매일 출근해 회사에서 일하는 것이 당연했어요. 하지만 코로나 팬데믹 이후에는 **집이나 다른 장소에서 일하는 재택근무(원격 근무)가 빠르게 퍼졌죠.**

또 얼마 전까지만 해도 한 회사에 들어가면 정년까지 다니는 종신 고용이 일반적이었어요.

하지만 앞으로는 다릅니다. **회사가 평생 나를 지켜 주는 시대는 끝났어요. 이제 여러분은 일하는 방식을 스스로 결정해야 합니다.** 이직이나 창업이 당연한 시대가 되는 것이죠.

회사에 출근하지 않고 집이나 카페 같은 곳에서 일하는 원격 근무가 정착된 상태이다.

얼마나 성과를 내느냐가 중요한 시대

또 한 가지 중요한 변화는 돈과 관련된 부분입니다.
예전에는 '연공서열年功序列'이라고 해서, 나이가
많거나 오래 일한 사람이 더 급여를 많이 받도록
정해져 있었어요.
하지만 요즘은 나이나 근속 연수가 아니라, **얼마나
성과를 낼 수 있는지를 기준으로 평가하는
성과주의**가 적극적으로 도입되고 있습니다.
여러분에게는 이런 변화 속에서도 활약할 수 있는
실력이 필요해요.

정년까지 한 회사에서 일하는 종신 고용이 줄어들고,
이직이나 창업도 자유로워진다.

나이(근속 연수)에 따라 급여가 오르는 연공서열에서
성과와 실적으로 평가받는 시대로 바뀌고 있다.

미래의 직업은 어떤 모습일까?

지금 있는 직업뿐 아니라 앞으로 생겨날 직업도 생각해 보면, 나의 미래를 고민할 때 길잡이가 됩니다.

지금은 존재하지 않는 새로운 직업이 생긴다

유행하는 노래가 시대에 따라 달라지듯, 직업도 시대에 따라 바뀝니다. 예를 들어 옛날에는 '타자기'라는 기계로 문서를 작성했어요. 그래서 타자기로 문서를 정리하는 '타자원'이라는 직업이 있었죠. 하지만 워드 프로세서와 개인용 컴퓨터가 보급되면서 이 직업은 사라졌어요. 이처럼 새로운 기술이 탄생하면 **오랫동안 존재할 줄 알았던 직업이 사라지기도 합니다.**

지금 있는 직업도 마찬가지예요. 여러분이 꿈꾸는 직업도 10년, 20년 후에는 어떻게 될지 누구도 알 수 없습니다.

타자원

손으로 쓴 서류를 타자기로 쳐서 정리하던 사람. 타자기의 역할은 워드 프로세서, 컴퓨터로 대체되었다.

시장 대리인

증권 거래소에서 수신호로 주식 매매 주문을 하던 사람. 매매가 전산화되면서 사라졌다.

전화 교환원

누군가가 전화를 걸었을 때 회선들을 서로 연결해 주던 사람. 이용자 수가 늘어나면서 자동 교환기가 도입되었다.

지난 100여 년간 사라진 직업의 예

원격 조작이나 자동 제어로 비행하는 무인 항공기 '드론'을 조종한다.

드론 조종사

게임 스트리머

게임 실황이나 해설 영상을 인터넷으로 방송해 수익을 낸다.

화이트 해커

사이버 공격 등에서 사용자와 시스템을 보호한다. 컴퓨터와 네트워크에 관한 뛰어난 지식과 기술을 가지고 있다.

미래를 자유롭게 상상해 보자

지금 있는 직업이 사라진다는 것은 **새로운 직업이 계속 생겨난다**는 뜻이기도 합니다. 예를 들어 드론 조종사나 게임 스트리머는 새로운 기술이 등장하면서 비교적 최근에 생긴 직업이에요. 어린이들에게 인기 있는 유튜버도 마찬가지죠.

이처럼 현재에도 새로운 직업들이 속속 생겨나면서 큰 변화가 일어나고 있습니다. 우리 주변에서부터 **'지금 세상에는 어떤 직업이 있는지' '앞으로 어떤 직업이 생길지'** 항상 관심을 가지고 미래를 자유롭게 상상해 보세요.

없는 직업은 내가 만들 수도 있다

지금 세상에 있는 직업 중에 여러분이 하고 싶은 일이 없다면, 직접 새로운 직업을 만들 수도 있어요. 예를 들어 유튜브YouTube나 틱톡TikTok 같은 서비스는 얼마 전까지만 해도 세상에 없었습니다. 하지만 '이런 일을 하고 싶다' '이런 서비스를 만들고 싶다'라고 생각한 사람들이 행동으로 옮겼기 때문에 지금 우리가 사용할 수 있게 된 거예요. 물론 그냥 생각만 하고 아무 조사도 하지 않으면 성공하기 어렵겠죠. 그래서 세상을 둘러보며 내가 하고 싶은 일, 만들고 싶은 상품이나 서비스가 어떤 가치를 창출할 수 있을지 꼼꼼히 조사해 두는 것이 중요해요.

인공지능 시대에 필요한 능력

인공지능이 인간을 대신해 일하게 되면서 새로운 일자리가 생길 수도 있습니다. 그렇다면 인공지능 시대에는 어떤 능력이 빛을 발할까요?

인공지능이 잘하는 것과 인간이 잘하는 것

인공지능은 마치 인간처럼 생각하고 판단하는 컴퓨터 시스템이나 기술을 말합니다. 인공지능이 발전하면서 **"언젠가 인간이 하던 일을 인공지능에 빼앗길 것이다"**라는 우려의 목소리가 나오고 있죠. 정말 그럴까요?

인공지능은 분명 뛰어난 점이 많아요. 예를 들어 과거의 다양한 데이터를 학습하고 처리하는 것이나 데이터를 기억하고 기록하는 것은 인공지능이 잘하죠.

인간처럼 피곤해하거나 지루해하지도 않아요.

하지만 **인간이 인공지능보다 뛰어난 점도 있습니다.**

인간은 감정을 읽을 수 있어요. 상황의 흐름이나 분위기를 파악하는 것도 잘하죠. 또 과제를 발견하거나 과거에 없던 문제를 해결하는 등 **0에서 1을 만들어 내는 능력은 인공지능에 없는 인간만의 장점**이에요.

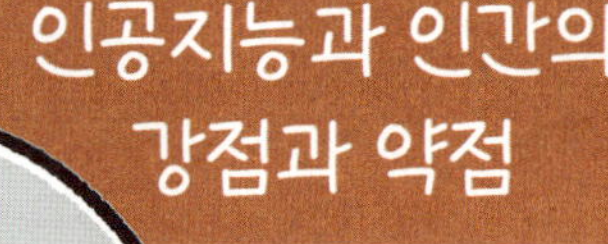

잘하는 것

· 많은 데이터를 학습하고 처리하기
· 데이터를 기억하고 기록하기
· 오랜 시간 작업하기

잘 못하는 것

· 감정 이해하기
· 과제 발견하기
· 과거 데이터가 없는 문제를 해결하기

지식을 쌓는 것만으로는 인공지능과 경쟁할 수 없다

인간이 부족한 부분은 인공지능이 도와주고, **인공지능이 할 수 없는 일은 인간이 하면 됩니다.** 단지 지식을 열심히 쌓고 그것을 쏟아 내는 능력만으로는 인공지능과 경쟁하기 어려워요. 인공지능 시대에 활약하려면, 소통 능력이나 상상력처럼 **인간이 잘하는 분야를 더욱 갈고닦아야 합니다.**

잘하는 것

- 감정 이해하기
- 과제 발견하기
- 과거 데이터가 없는 문제를 해결하기

잘 못하는 것

- 많은 데이터를 학습하고 처리하기
- 데이터를 기억하고 기록하기
- 오랜 시간 작업하기

인공지능에 맡긴다

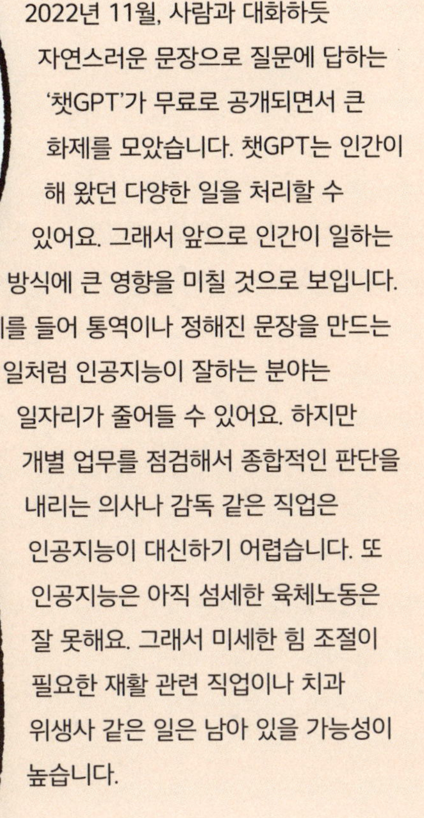

알아 두기!

인공지능이 빼앗을 수도 있는 직업과 그렇지 않은 직업

2022년 11월, 사람과 대화하듯 자연스러운 문장으로 질문에 답하는 '챗GPT'가 무료로 공개되면서 큰 화제를 모았습니다. 챗GPT는 인간이 해 왔던 다양한 일을 처리할 수 있어요. 그래서 앞으로 인간이 일하는 방식에 큰 영향을 미칠 것으로 보입니다. 예를 들어 통역이나 정해진 문장을 만드는 일처럼 인공지능이 잘하는 분야는 일자리가 줄어들 수 있어요. 하지만 개별 업무를 점검해서 종합적인 판단을 내리는 의사나 감독 같은 직업은 인공지능이 대신하기 어렵습니다. 또 인공지능은 아직 섬세한 육체노동은 잘 못해요. 그래서 미세한 힘 조절이 필요한 재활 관련 직업이나 치과 위생사 같은 일은 남아 있을 가능성이 높습니다.

어느 시대에나 필요한 소통 능력

의사소통은 한쪽만 말하는 것이 아니에요. 대화할 때는 상대의 이야기에 귀를 기울이는 능력도 중요합니다.

상대를 논리로 이기려 드는 것은 대화가 아니다

말하는 능력뿐 아니라 듣는 능력도 기르자

지금도 그렇고 앞으로도 꼭 필요한 능력 중 하나가 **의사소통 능력**입니다. 언어로 서로의 생각을 이해하는 것을 '대화'라고 해요. **대화 능력을 키우면 상상력과 공감 능력도 좋아집니다.** '공감 능력'이란 상대의 감정을 느끼고, 상대가 무엇을 원하는지 정확하게 파악하는 능력이에요. 대화는 혼자서만 말하는 것이 아닙니다. 상대를 말로 이기고 **"논리로 눌렀다"라고 하는 것은 대화가 아니에요.** 그렇게 하면 그 순간 대화가 끝나 버립니다.

의사소통 능력은 노력으로 키울 수 있다

사람과 대화를 나눌 때 중요한 점은 **서로를 인정하고, 잘못을 지적해 주면서 함께 성장하는 것입니다.**

이야기를 들을 때는 상대가 무슨 생각을 하고 있는지, 어떤 가치관을 가지고 있는지 떠올려 보세요. 호기심을 가지고 귀를 기울이면 상대방이 편안하게 말할 수 있습니다. 내가 말할 때는 상대가 이해할 수 있도록 쉽게 말하는 것이 중요해요.

의사소통 능력은 인공지능으로 대신할 수 없는 능력이에요. 그리고 **누구나 노력하면 크게 성장할 수 있는 능력이기도 하죠.**

바람직한 인공지능 활용법

최근 챗GPT 같은 생성형 인공지능을 과학 실험이나 도덕 수업에 활용하는 학교가 생기고 있어요. 편리한 도구이기는 하지만, 학생들이 스스로 해야 하는 숙제나 감상문 작성을 인공지능에 맡길까 봐 걱정하는 목소리도 나오고 있죠.

이런 행동이 많아지면 스스로 생각하며 글을 쓰고 말하는 기본적인 능력, 언어의 느낌과 표현을 익힐 기회가 줄어들게 됩니다.

인간만이 할 수 있는 종합적인 판단력을 향상시키기 위해서라도 인공지능에만 의존하지 말고, 나의 능력을 키우는 데 힘을 쏟도록 하세요. 인공지능은 우리의 적은 아니지만, 잘 활용해야 할 필요가 있습니다.

점점 사라지는 업무의 벽

앞으로는 여러 경계가 점점 사라지는 시대가 올 거예요. 그런 변화 속에서 여러분이 활약할 수 있는 무대는 어디에 있을까요?

나이와 성별의 벽이 사라진다

사람들은 국적, 성별, 나이, 장애 유무, 사고방식 등 다양한 차이점을 가지고 있어요. 미래 시대에는 이런 다양성을 인정하면서 함께 살아가는 태도가 필요합니다.

이런 흐름은 일터에서도 여러 가지 '벽'을 없앨 것으로 보여요. 먼저 **나이의 벽(에이지리스, ageless)**입니다. 의료와 기술이 발전하면서 인간 수명이 길어지고 있어요. 앞으로는 나이가 많아도 원한다면 계속 일할 수 있게 될 거예요.

또 성과주의^(p.189)로 인해 실력 있는 젊은이들이 활약할 기회가 많아질 것입니다.

다음은 **성별의 벽(젠더리스, genderless)**입니다. '이것은 남자(여자)가 하는 직업'이라는 낡은 가치관이 점점 사라질 거예요. 지금 한국은 여성 관리직이나 여성 정치인의 비율이 낮지만, 앞으로는 여성도 남성과 똑같이 활약할 수 있는 환경이 마련될 것입니다.

나이와 세대의 벽이 사라진다
(에이지리스)

예전에는 나이가 들어야 승진하는 경우가 많았다. 하지만 요즘은 나이와 상관없이 실력이 있다면 누구나 활약할 수 있다. 또 정년이 지나도 원한다면 계속 일할 수 있는 환경이 마련되고 있다.

성별의 벽이 사라진다
(젠더리스)

과거에는 남성이 밖에서 일하고 여성이 집안일과 육아를 담당하는 것이 일반적이었지만, 이제는 낡은 상식이 되었다. 여성이 남성과 마찬가지로 일터에서 활약하고, 성별과 관계없이 직업을 선택할 수 있다.

국경의 벽이 사라진다
(보더리스)

인터넷 같은 기술의 발전으로 국경과 언어의 벽도 사라지고 있다. 지금은 외국에 가지 않아도 온라인으로 회의할 수 있고, 실시간으로 번역해 주는 앱도 등장했다.

국경의 벽이 사라지고 세계가 가까워진다

국경의 벽도 사라지고 있습니다(보더리스, borderless). 앞으로는 외국인과 함께 일하거나 외국에서 일할 기회가 지금보다 훨씬 많아질 거예요. 지금도 해외에 있는 사람과 온라인으로 화상 회의를 할 수 있지만, 미래에는 가상 현실 회의가 일반적인 방법이 될 수도 있습니다.

정보에 휘둘리지 않고 살아가기

인터넷은 정말 편리하지만,
과장되거나 사실이 아닌 정보도 많아요.

미디어 리터러시는
누구에게나 꼭 필요하다

여러분은 매일 어떤 정보를 접하나요? 유튜브나 틱톡 같은
인터넷이라고 답하는 사람이 많을 듯합니다.

인터넷을 사용하면 전 세계의 정보를 쉽게 알 수 있어요.
하지만 인터넷은 누구의 규제도 받지 않고 자유롭게
표현할 수 있는 공간입니다. 그래서 **그 정보가 올바른지
잘못되었는지 알 수 없죠.** 보는 사람이 주의하지 않으면
잘못된 정보를 얻거나 유언비어와 가짜 뉴스를 퍼뜨릴
수도 있어요.

**필요한 것은 '미디어 리터러시media
literacy'입니다. 정보를 올바르게 판단하고
받아들이는 능력이죠.** 지금뿐 아니라 어른이 되어
사회에 나가서도 꼭 필요한 능력이에요.

거짓되거나
과장된 정보를
그대로 믿지 않기

인터넷에는 사실이 아니거나 과장된
정보가 많다. 모든 정보를 무조건
믿지 말고 '이게 사실일까?'라는
관점으로 생각하자.

여러 매체를 비교해 보는 습관을 들이자

전달하고 싶은 정보는 책임감을 가지고 올바르게 전달하기

불확실하거나 틀린 정보를 무책임하게 전달하는 것은 피한다. 남에게 전달하고 싶은 정보는 책임감 있는 태도로 정확하게 전달하도록 노력하자.

미디어 리터러시를 갖추려면 정보를 봤을 때 바로 믿지 말고 **'이게 사실일까?' 하고 의심해 보는 태도가 중요**해요. 그러려면 정보의 출처를 확인하는 습관을 들이는 것이 좋습니다.

궁금한 정보가 있다면 인터넷만 보지 말고 신문이나 책, TV 뉴스 등 **여러 매체를 비교해 보세요. 그러면 훨씬 더 정확한 정보를 얻을 수 있습니다.**

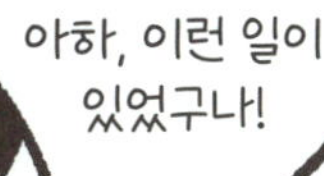

정보를 제대로 파악하기

신문이나 TV 뉴스처럼 믿을 만한 매체에서 정보를 찾아본다. 하나의 정보만 보지 말고, 다른 정보와 비교해 보자.

일과 삶의 균형

기껏 일을 시작해도 매일 야근만 하고 개인
시간이 하나도 없다면, 몸과 마음이 금방
지치고 맙니다.

일만 하는 삶은
정말 행복할까?

일은 우리가 살아가는 데 꼭 필요합니다.
하지만 **일만 계속하면 충실한 삶이라고 할 수
있을까요?**

한국직업능력연구원이 발표한 〈2022 한국인의
직업의식 및 직업 윤리〉에 따르면, 20대
직장인들이 가장 중요하게 생각하는 것 1위는
여가 생활, 2위는 가족생활,
3위는 일이었어요. 이 결과를
보면, **많은 사람이 수입이나
보람보다는 충분히 쉬며
개인적인 시간을 알차게 보내고
싶어 함**을 알 수 있죠.

일이 생활의 중심

평일은 물론 휴일에도
일만 한다. 개인 시간이
거의 없어 몸과 마음이
지쳐 간다.

어떻게 일해야 내가 행복할까?

건강하고 풍요로운 삶을 살기 위해서는 '워크 앤 라이프 밸런스Work & Life Balance', 즉 **일과 삶의 균형**이 중요합니다. 평일에는 아침부터 밤까지 일하고 주말에도 일에 파묻혀 지낸다면, 개인 시간이 없어지고 몸과 마음의 건강을 지키기도 어려워요.

물론 일에 대한 생각은 사람마다 다를 수 있습니다. 오로지 일에만 몰두하고 싶은 사람도 있을 수 있죠. 하지만 여러분이 일할 때는 일도 삶의 일부로 보면서 **'무엇이 나에게 행복을 주는지'**를 제일 먼저 생각해 보세요.

보람과 성취감을 느끼며 일하고, 가족과 함께하는 시간이나 취미 활동 등 개인적인 시간도 알차게 보낸다.

골고루 무난한 것보다는 하나에 뛰어난 재능

만능인보다는 누구도 따라올 수 없는 능력을 갖춘
사람이 사회에 나가면 더 빛날 수도 있습니다.

무난함은 얼마든지 대체할 수 있다

약점이나 못하는 것이 없고 무엇이든 척척
해내는 재주꾼이 곁에 있으면, 다양한 상황에
대처할 수 있으니 든든하게 느껴질 수 있어요.
하지만 뭐든지 잘하려고 하면 **결국 전부
무난한 수준에서 끝날 수 있습니다.**
예를 들어 야구에서 투수, 포수, 내야수, 외야수
모두를 최고로 잘하는 것은 불가능해요.
뭐든지 그럭저럭 해낸다는 것은 다른 말로 하면
대체할 사람이 얼마든지 있다는 뜻이에요.
회사나 팀에 나보다 더 뛰어난 사람이 있다면
쉽게 대체할 수 있고, 내가 그만둔다고 해도
다른 사람이 대신하면 그만입니다.

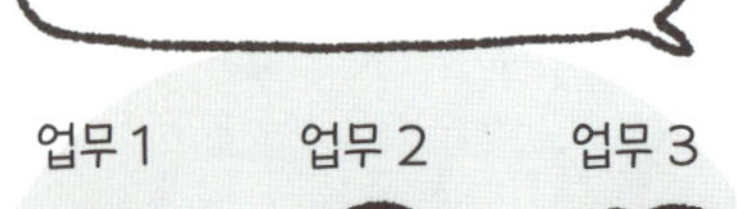
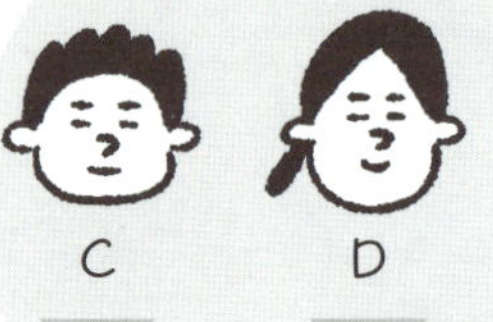

무슨 일이든 무난하게 해내는 만능형. 달리 말하면,
각각의 일을 대신할 수 있는 사람이 있다는 뜻이다.

나의 능력을 일터에서 충분히 발휘하고 싶다면, '넓고 얕게'가 아니라 **'좁고 깊게' 능력을 키워 장점을 발전시켜 가세요.** 이리저리 편리하게 쓰이는 만능인이 되기보다 누구에게도 뒤지지 않을 전문 분야나 특기를 갖추도록 노력하는 것이죠. 한 가지 특출난 재능이 있으면, 그것이 자신감으로 이어져 든든한 버팀목이 되어 줍니다. 머지않아 주위에서도 여러분을 인정해 주는 사람이 반드시 나타날 거예요.

인재가 되자

한 가지 재능이 뛰어난 B

잘 못하는 일도 있지만, 한 가지는 정말 잘하는 특화형. 그 일만큼은 누구보다 잘해서 다른 사람이 대신하기 어렵다.

점점 늘어나는 '직무형 고용'

앞으로는 전문성을 갖추는 일이 더욱 중요해질 것입니다. 예전에는 대부분 기업이 업무 내용을 정하지 않고 신입 사원을 뽑은 뒤, 여러 부서를 돌며 다양한 업무를 경험하게 하는 '멤버십형 고용'을 많이 했어요.

하지만 지금은 특정 업무에 관한 기술이나 경험이 있는 사람을 뽑는 '직무형 고용'이 늘어나고 있습니다. 이제는 "뭐든지 다 할 수 있습니다"보다 "이 분야를 잘합니다"라고 말할 수 있는 사람이 더 필요해졌어요.

변화를 두려워하지 말자

성장한다는 것은 변화를 받아들인다는 의미입니다. 변화를 두려워하지 말고 계속 앞으로 나아가세요.

'새로운 나'를 거부해서는 안 된다

사람은 보통 변화를 두려워합니다. '새로운 일을 시작하고 싶지만 불안해서 한 발짝도 내디딜 수가 없다' '성장하고 싶지만 변화하는 것이 두렵다'라는 마음이 들 수 있어요. 지금까지 경험해 보지 못한 일을 해 나가면서 **다른 나로 변해 가는 과정이 두려운 것이죠. 하지만 변화를 받아들이지 않으면 성장할 수 없습니다.** 성장이 멈추면 다른 사람보다 뒤처져 활약할 자리를 잃고 말아요.

더 성장하고 싶다면, 새로운 나로 변화해 가는 것을 긍정적으로 받아들여야 합니다.

다른 생각, 새로운 생각을 받아들인다

어른이 되어 일을 시작하면, 스스로 행동하고 **변화에 잘 적응하는 사람이 높은 평가를 받습니다.** 익숙한 일만 계속하는 것이 아니라, 해 본 적 없는 일도 많이 해야 하기 때문이죠. 그래서 지금부터 **다른 사람의 의견이나 새로운 관점을 적극적으로 받아들이는 습관**이 필요해요. 내 머리에만 의존하지 말고 다른 생각, 새로운 생각을 흡수하기 위해 노력하는 것이죠.

인생에는 오르막도 있고 내리막도 있어요. 실패와 좌절을 이겨 내고, 항상 더 나은 나로 성장하기를 바랍니다.

'나의 인생'을
행복하게 살아가자

이 책에서는 여러분이 '진짜 하고 싶은 일'을 찾는 데 도움이 될 만한 다양한 지식과
팁을 소개했습니다. 그 가운데 여러분의 미래를 밝혀 줄 무기가 한두 가지라도
나온다면 정말 기쁠 거예요.

아직 '여전히 하고 싶은 일이 뭔지 잘 모르겠어'라고 생각하는 사람도 있을 테죠.
하지만 이 책에서 말했듯이 조급해할 필요가 전혀 없습니다. 우선은 차분히 자신에
대해 깊이 생각해 보세요.

나의 관심이 어디로 향하고 있는지, 나의 강점과 약점은 무엇인지, 세상의 어떤
부분이 궁금한지, 어떤 삶을 살고 싶은지…. 이렇게 자신과 진지하게 마주해서 '나는
이렇게 생각해'라는 신념을 가질 수 있다면, 사회와의 관계 속에서 내가 하고 싶은
일이 조금씩 보일 거예요.

학교 시험에는 정답이 있지만, 인생에는 '이렇게 하면 틀림없이 잘된다'라는 정답이
없습니다. 선택할 수 있는 길은 무척 많고, 애초에 답이 없는 것들도 많아요.

모든 사람의 인생이 잘 풀리게 해 주는 교과서가 있고, 그대로만 해서 모든 일이 쉽게 해결된다면 얼마나 좋을까요? 하지만 누구에게나 적용되는 '인생의 정답' 같은 것은 없어요. 사람마다 개성이 있고, 내 인생은 스스로 계획하고 만들어 가야 하기 때문입니다.

먼저 내 마음에 솔직해지고 한 걸음 내디뎌 보세요. 현재 좋아하고 관심 가는 것이 있다면, 그것을 꾸준히 파고들어 보세요. 지금은 잘 모르는 넓은 세상을 내 눈으로 직접 살펴보세요. 다양한 일을 경험하고 많이 고민하면서 스스로 '이거다' 싶은 길을 선택해 나가세요. 여러분이 하고 싶은 일은 분명 그 길 너머에 있습니다. 도전해 본 결과 '아무래도 아닌 것 같아' 하고 생각이 바뀌어도 괜찮아요.

이 책은 여기서 끝나지만, 여러분의 미래는 앞으로도 계속 이어집니다. 인생이라는 긴 이야기의 주인공은 바로 여러분이에요. '남들은 어떻게 생각하는지' '주변에서 나를 어떻게 바라보는지'는 신경 쓰지 않아도 됩니다. 여러분이 진짜 하고 싶은 일을 찾아 행복한 삶을 살아가기를 바랍니다.

진짜 진짜 하고 싶은 일 찾는 법
열네 살에 시작하는 단단한 진로 수업

초판 1쇄 발행 2026년 3월 10일

지은이　이케가미 아키라
옮긴이　정미애
펴낸이　이영선
책임편집　이현정
교정교열　안주영

편집　이일규 김선정 김문정 김종훈 이현정 조유진
디자인　김회량 위수연
독자본부　김일신 손미경 정혜영 김연수 김민수 박정래 김인환

펴낸곳 서해문집 | 출판등록 1989년 3월 16일(제406-2005-000047호)
주소 경기도 파주시 광인사길 217(파주출판도시)
전화 (031)955-7470 | 팩스 (031)955-7469
홈페이지 www.booksea.co.kr | 이메일 shmj21@hanmail.net

ISBN 979-11-94413-88-2 43370

STAFF

ブックデザイン・DTP
根本佐知子(梔図案室)
本文イラスト
山中正大
カバーイラスト
みずす
巻頭マンガ
サノマリナ
執筆・編集協力
岩佐陸牛
校 正
鷗来堂

おもな参考文献

『世界でいちばん大切にしたい会社 コンシャス・カンパニー』ジョン・マッキー, ラジェンドラ・シソーディア著・鈴木立哉訳(翔泳社), 『レジリエンスで心が折れない自分になる』久世浩司監修(日本能率協会マネジメントセンター), 『生きる力ってなんですか? ピンチを乗り越える齋藤メソッド』齋藤孝, 『池上彰が大切にしている タテの想像力とヨコの想像力』池上彰(以上, 講談社), 『1万人の才能を引き出してきた脳科学者が教える「やりたいこと」の見つけ方』西剛志, 『『どうせ無理』と思っている君へ 本当の自信の増やしかた』植松努(以上, PHP研究所), 『やりたいことはよくわかりませんが, 私の適職教えてください!』田中勇一, 小林義崇(徳間書店), 『〈自分らしさ〉って何だろう? 自分と向き合う心理学』榎本博明(筑摩書房), 『あなたの不安を解消する方法がここに書いてあります。』吉田尚記, 『中高生の悩みが軽くなるヒント集めました。勉強・人間関係・進路の不安に効く57の方法』葉一(以上, 河出書房新社), 『10歳から知りたいバリアバリュー思考 自分の強みの見つけかた』垣内俊哉(KADOKAWA), 『やりたいことが見つからない君へ』坪田信貴, 『みんなに好かれなくていい』和田秀樹, 『もっとやりたい仕事がある!』池上彰(以上, 小学館), 『13歳のきみに伝えたい 本当に必要な7つの才能 将来大人になって成功するために』山本佳典(彩流社), 『一流の育て方 ビジネスでも勉強でもズバ抜けて活躍できる子を育てる』ミセス・パンプキン, ムーギー・キム(ダイヤモンド社), 『成功する子は「やりたいこと」を見つけている 子どもの『探究力』の育て方』中曽根陽子(青春出版社), 『この世界のしくみ 子どもの哲学2』河野哲也ほか(毎日新聞出版), 『ミライの武器 「夢中になれる」を見つける授業』吉藤オリィ(サンクチュアリ出版), 『10代の君に伝えたい 学校で悩むぼくが見つけた未来を切りひらく思考』山崎聡一郎(朝日新聞出版), 『伸びる子どもは○○がすごい』榎本博明(日本経済新聞出版社), 『10代のうちに知っておきたい折れない心の作り方』水島広子(紀伊國屋書店), 『キミたちはどう生きるか? こどものための道徳 生き方編』齋藤孝(ビジネス社), 『中高生のための哲学入門「大人」になる君へ』小川仁志(ミネルヴァ書房) ほか

本書に記載した情報は, 明記したもの以外, 基本的に本書制作時点のものです。
また, その時点での世相に沿った記述や図版もあります。ご了承ください。